Das Hirschgraben Sprachbuch

Ausgabe B

9. Schuljahr

Arbeitsheft

Erarbeitet von:
Friedrich Dick, Günter Haardt,
Ingeborg Kirsch, Kerstin Kraemer,
Marlene Schommers, Marianne Steigner,
Thomas Steininger, Kai West

Cornelsen

Text- und Bildquellenverzeichnis
Textquellen
S. 5 aus: Arved Fuchs, Von Pol zu Pol. Verlag Kiepenheuer & Witsch, Köln 1990.
S. 17 Fritz Vorholz: Ozonalarm im Norden. In: Die Zeit, 14. 2. 1992.
S. 19 Uwe Veltrup: Autofreie Innenstadt „unrealistisch". In: Westfälische Nachrichten, 20. 7. 1991.
S. 26 aus: Walden, Sina: Endzeit für Tiere, Rowohlt, Reinbek 1992, S. 45 ff.
S. 28 Wolfenstein, Alfred: Städter. Aus: Menschheitsdämmerung. Ein Dokument des Expressionismus.
Neu hrsg. v. Kurt Pinthus. Rowohlt, Hamburg 1955, S. 45.
S. 32 Weisenborn, Günther: Zwei Männer. Aus: Tausend Gramm. Sammlung deutscher Geschichten.
Hrsg. v. Wolfgang Weyrauch. Rowohlt, Hamburg, Stuttgart, Baden-Baden, Berlin 1949, S. 183 ff.

Fachredaktion: Petra Bowien
Illustration: Traudel Marks-Collet

Dieses Werk berücksichtigt die Regeln
der reformierten Rechtschreibung und Zeichensetzung.

1. Auflage ✔   Druck 4 3 2 1   Jahr 2000 99 98 97

Druck: Druckhaus Langenscheidt, Berlin

ISBN 3-464-61565-0

Bestellnummer 615650

 gedruckt auf Recyclingpapier, hergestellt aus 100 % Altpapier.

Inhalt

Aufsatztraining

Zurück aus dem ewigen Eis

Messner und Fuchs nach Antarktis-Expedition in der Bundesrepublik

Anfang November 1989 waren der Südtiroler Reinhold Messner und sein norddeutscher Gefährte Arved Fuchs zu dem bislang einmaligen Unternehmen gestartet. Bei Temperaturen von durchschnittlich 24 Grad minus legten sie innerhalb von dreieinhalb Monaten aus eigener Kraft und ohne Motorhilfe mehr als 2800 Kilometer in der antarktischen Eiswüste zurück.

1.

Direkte Rede	Indirekte Rede
„Das Abenteuer ist zu Ende und es ist schön, nach diesem anstrengenden Trip wieder hier zu sein", sagten die beiden Abenteurer.	
	Die Durchquerung der Antarktis habe insgesamt 92 Tage gedauert.
„Wir wollten und mussten wesentlich schneller sein als jede andere Expedition – sonst hätten wir es nicht geschafft", beschrieb Arved Fuchs die gefahrvolle Reise.	
	Trotz einiger menschlicher Probleme, die bei einer solchen Reise nicht ausbleiben würden, hätten sich beide gut ergänzt.

a) Wandle die jeweilige Textstelle entweder in die direkte oder indirekte Rede um.

b) Markiere farblich die Signale der indirekten Rede.

Arved Fuchs schildert in seinem Buch „Von Pol zu Pol" die Monate im Eis mit Reinhold Messner aus seiner Sicht:

„Ich glaube, dass ich mit meinen körperlichen und geistigen Kräften langfristig ökonomischer und schonender umgehe als Reinhold. Dass er seinen Siebenstundenmarsch schneller absolviert, findet weder meinen Beifall noch ist es notwendig. Er will es einfach so. Er will vorauslaufen, will als Erster am Lagerplatz sein. Ich merke, dass ihm das eine gewisse Befriedigung verschafft. Ich kann an seiner Einstellung nichts ändern, also soll er tun, was er mag. Ich jedenfalls bin nicht zu einem Wettlauf durch die Antarktis angetreten. [...]
Das Wetter bleibt schlecht. Es ist diesig, feucht, der Schnee klebt und der Wind lässt uns im Stich. Ich spüre, wie sich bei Reinhold Spannungen ansammeln. Während wir in einer Pause auf unseren Schlitten sitzen und unsere Müsliriegel essen, bricht es aus ihm heraus. Er hat sich nicht mehr unter Kontrolle und wirft in einem Gefühlsausbruch sämtliche Überlegungen und Strategien über Bord. Er macht dem Wetter Vorwürfe, er macht mir Vorwürfe und will spätestens am 1. Februar jeden Tag zehn Stunden laufen, sollte der Wind weiter ausbleiben."

2. Wer macht wem welche Vorwürfe?
   Unterstreiche die Sätze mit zwei unterschiedlichen Farben.

„Du bist den Anforderungen nicht gewachsen."

„Ständig denkst du nur ans Schlafen."

„Du machst mich nervös."

„Ich muss das Eisen wieder aus dem Feuer reißen."

„Du bist nur zufrieden, wenn du Erster bist."

„Wenn du nicht mitmachst, dann geh ich allein."

„Ich laufe viel schneller als du!"

„Ich will keinen Wettlauf durch die Antarktis machen."

„Du musst mit deinen Kräften ökonomischer umgehen."

„Du bist ein fußlahmer Kumpan."

„Ich sehe es gar nicht ein, meinen Laufrhythmus zu ändern."

„Ich bin unverwüstlich."

„Deine Füße halten nichts aus."

„Hast du keine Kraft mehr?"

3. Schreibe zwei Verläufe eines Streitgesprächs. Ein Gespräch soll im Zerwürfnis enden, das andere soll zu einem Kompromiss führen.

→ Hirschgraben Sprachbuch S. 6 ff.

1. Welche Fehler entdeckst du in der folgenden Rücktrittserklärung?
Markiere und berichtige die Fehler, wenn möglich, im Brief. Für größere Korrekturen kannst du die
Randspalte benutzen.

Tina Wierman   *1. September 1996*
Ritterstraße 1a
67500 Kaiserslautern

> Briefkopf
> Datum
> Anschrift
> Betreffzeile
> Ränder
> Anredefürwörter

Tanzschule Marquardt
Martinsplatz 1–2
67500 Kaiserslautern

Sehr geehrte Damen und Herren

es tut mir leid ihnen mitteilen zu müssen, dass ich
die Eintrittserklärung zum Tanzkurs zurücknehmen
muss.

Meine Eltern sind der Ansicht, das ich noch zu jung
bin und noch ein Jahr warten soll bis ich an einem
Tanzkurs teilnehme. Annullieren Sie deshalb den
Vertrag.

Die angezahlten 40 DM, abzüglich der 17 DM für die
erste Tanzveranstaltung, überweisen sie bitte auf
das Konto 5050 der Stadtsparkasse Kaiserslautern.

Vielen Dank für Ihr Verständnis.

Mit freundlichen Grüßen

Tina Wierman

(Unterschrift der Eltern)

2. Wer hat mit wem und wozu einen Vertrag abgeschlossen?

a) Lies den folgenden Zeitungsartikel.

Wörth am Rhein. An der Grund- und Hauptschule Wörth gehen Schule und Eltern mit Erfolg neue Wege um Aggression, Gewalt, Unkonzentriertheit, Lärm und ständige Störungen zu vermindern: Sie schließen schriftliche Verträge, in denen sie sich zu einer Solidargemeinschaft zusammenschließen und zu bestimmten Verhaltensweisen gegenüber den Kindern verpflichten. „Die Eltern der Klasse 2 b vereinbaren zum Wohle ihres Kindes und der anderen Kinder obszöne Begriffe und Schimpfwörter aufzugreifen, zu klären und nicht mehr zu verwenden", heißt es beispielsweise in einem solchen Vertrag. Die Mütter und Väter der Erstklässler haben sich darauf verständigt, dass Spielsachen nicht mit in die Schule gebracht werden und dass ihr Sprössling nur ausgewählte Fernsehsendungen anschaut. In Klasse 5 b haben sich die Eltern vorgenommen, ihr Kind jeden Tag mindestens einmal zu loben, und alle Sechstklässler sollen künftig bis 15 Uhr ihre Hausaufgaben machen und vorher keine anderen Kinder zu Hause stören.

Die Idee hatte Schulleiter Linus Markert. „Durch die Solidarität der Eltern lässt sich vieles machen", meint er. Der Rektor spricht aus Erfahrung: Seine Tochter war sauer, weil ihre Freundinnen abends länger in der Diskothek bleiben durften als sie selbst. Markert sprach sich mit den Eltern der Freundinnen ab – und das Problem war gelöst. Diese Erfahrung übertrug der Schulleiter auf seine Schule.

Nach einigen Monaten ist er hoch zufrieden mit dem Experiment, für das es bisher keinerlei wissenschaftliche Grundlagen gibt. „Wir haben keine heile Welt hier, aber in allen Klassen gibt es positive Veränderungen." So sei der Geräuschpegel im Unterricht schlagartig gesunken, nachdem Eltern und Lehrer vereinbart hätten Anweisungen in der Schule wie zu Hause nur ein einziges Mal zu geben.

b) Unterstreiche die Textstellen, die Auskunft über die einzelnen Verträge geben.

c) Notiere die jeweiligen Vertragspartner und den Inhalt des Vertrages in Stichpunkten.

Vertragspartner	Inhalt des Vertrages
Eltern der Klasse 2 b	*obszöne Begriffe und Schimpfwörter aufgreifen, klären und nicht mehr verwenden*

d) Überlege, mit wem du nach dem „Wörther Muster" in der Schule oder im häuslichen Umfeld einen Vertrag schließen könntest.

Vertragspartner	Inhalt des Vertrages

e) Entscheide dich für einen Vertrag.
Entwirf einen sachlichen Brief an deinen Vertragspartner, in dem du ihn über den Inhalt des Vertrages informierst und ihm auch erklärst, warum du diesen Vertrag abschließen möchtest.

_____

_____

_____

_____

_____

_____

_____

_____

_____

f) Überarbeite den Briefentwurf und schreibe ihn unter Beachtung aller Formalien (s. S. 6) auf ein linienloses Papier – möglichst mit Schreibmaschine oder Computer.

1. Das Bewerbungsschreiben

a) Lies das Folgende:

Adi Hensel   35619 Braunfels, den ...
    Schwannerstr. 7
An die   Tel.: 0 00 / 00 00 00
Firma Otto Knappel
Versicherungen und nur Versicherungen
Leimweg 8
35619 Tiefenbach

Betr.: Bewerbung um die von Ihrer Firma ausgeschriebene Ausbildungsstelle –
    Ihr Inserat in der WNZ vom 3. d. Mts.

Lieber Herr Knappel!

Hiermit bewerbe ich mich höflichst um die im Betreff näher bezeichnete Ausbildungsstelle,
die Sie freundlicherweise in der WNZ ausgeschrieben haben. Dem beigefügten Lebenslauf
bitte ich zu entnehmen, dass ich im nächsten Jahr aus der Gesamtschule Braunfels entlassen
werde. Ich darf sagen, dass mein Zeugnis gar nicht so schlecht sein wird. Außerdem habe ich
mir im letzten Schuljahr während meiner knapp bemessenen Freizeit sehr gute Englisch-
kenntnisse angeeignet, auf die Sie sicherlich Wert legen und gerne zurückgreifen werden,
falls Ihr Geschäft mit internationalem Publikum zu tun hat. Auch im kaufmännischen Rechnen habe ich besondere Fähigkeiten, besonders im Kopfrechnen war ich immer einer der
Ersten.
Ich habe ernsthafte Freude an dem Kaufmannsberuf, war doch mein Großvater mütterli-
cherseits selber einer. Deshalb möchte ich ihn von Grund auf erlernen um später einmal in
verantwortungsvoller Position bei Ihnen oder einer anderen Firma tätig zu sein. Es ist mein
größtes Bestreben, stets eine aufgeschlossene, höfliche und zuvorkommende Haltung an den
Tag zu legen.
Als Anlage zu dieser Bewerbung füge ich zu Ihrer geschätzten Kenntnisnahme die folgenden
Schriftstücke bei:
1. die Originale aller mir zur Verfügung stehenden Schulzeugnisse
2. meinen selbst geschriebenen Lebenslauf
3. eine Fotografie meiner Person
4. eine schriftliche Bestätigung meiner Mutter, dass sie mit meiner Berufswahl voll und ganz
einverstanden ist.

Damit wir uns aber auch persönlich kennen lernen können, bitte ich höflichst um die Mittei-
lung eines Besuchstermins.

Hochachtungsvoll
Ihr

Adi

VORSICHT
!
FEHLER

b) Was muss verändert werden? Beachte auch die äußere Form.

c) Streiche alle Textstellen, die du weglassen würdest, und unterstreiche die, die du ändern
  würdest.

(Schlüsselteil)

2. ... und hier ist Adis Lebenslauf.

a) Welche Probleme siehst du?

LEBENSLAUF von Adi Hensel

Name:	Adelbert Klaus Hensel – Rufname: ADI
Geburtsdatum:	16.6.19▇, um 13.45 Uhr
Geburtsort:	Braunfels, Kreiskrankenhaus Falkeneck
Eltern:	Mutter: Roswitha Maria Anna Hensel
	Hausfrau, teilweise als Putzfrau tätig
	Vater: Karl-Heinz Rolf Hensel
	Kraftfahrer, arbeitet in seiner Freizeit am Bau
Großeltern:	Adelbert Dietrich Bohnsack
	Kaufmann, Besitzer des ehem. Rewe-Geschäfts in Bonbaden
	Anna Bohnsack
	Hilfe im ehemaligen Rewe-Geschäft
Geschwister:	2 große Schwestern, die eine glücklich verheiratet mit 2 Kindern, die andere auch schon aus dem Haus
Wohnort:	siehe mein Briefkopf vom Bewerbungsschreiben
Schulbildung:	Grundschule in Bonbaden, 1. und 2. Schuljahr, danach Umzug, Grundschule in Tiefenbach 3. Schuljahr, erneuter Umzug zurück, Grundschule in Bonbaden im 4. Schuljahr, anschließend Gesamtschule Braunfels ab Klasse 5
Voraussichtlicher Schulabschluss:	Juli 199▇
Besondere Kenntnisse:	Mitglied im Schützenverein, letztes Jahr Jugend-Schützenkönig, Angelsportler, diverse Preise auch auf Kreisebene
Berufswunsch:	selbstständiger Kaufmann

Braunfels, den 7.12.199▇*

b) Überarbeite Adis Lebenslauf.

c) Schreibe ihn auf linienloses Papier – möglichst mit Schreibmaschine oder Computer.

(Schlüsselteil)

Folgende Angaben befinden sich auf dem Notizblock des Protokollführers einer Klassenkonferenz:

Klassenkonferenz: 7. Mai 199▪/Schüler: Rainer S.   Beginn: 14.15   Ende: 15.00
Lehrerzimmer

Teilnehmer: alle Lehrer der Klasse 7.1/Schüler: Rainer S.
Vertrauenslehrer, Vertrauensschüler, Elternvertreter, Abteilungsleiter
(siehe Anwesenheitsliste)

Problemrekonstruktion und Aussprache

Rainer: Streit mit Thorsten – schon in der Pause – unschuldig – Ermahnung
durch den Chemielehrer – ständig provoziert – Handgreiflichkeiten –
Rauswurf – keine Schuld

Chemielehrer: Auseinandersetzung mit Vordermann – große Unruhe im Chemieraum
– Ermahnungen an Streithähne – Androhung von Sonderaufgaben –
kein Ende – Mitschüler gestört – Prügelei bahnte sich an – Abhilfe:
die beiden trennen – Rainer: wütend, wirft Tisch um und Mäppchen
durch den Raum, rennt raus – Türangel eingerissen – Freund zur Be-
ruhigung hinterher – noch nie so erlebt

Klassenlehrer: Rainer eigentlich eher ruhiger Schüler – kaum Auffälligkeiten,
manchmal zornig, aufbrausend, kurze Wutausbrüche – Vorschlag:
sich entschuldigen, Reparatur bezahlen – alleine schuldig, da auf
Ermahnungen nicht reagiert

Englisch-Kollegin: bestätigt Meinung des Klassenlehrers; einmaliges aggressives
Auftreten in ihrem Unterricht

Vertrauenslehrer: kennt Schüler aus der Schulmannschaft – Vorschlag, da erstmaliges
Vergehen: soziale Maßnahme für die Gemeinschaft

Elternvertreter: versucht Rainer über die Gründe für den Streit mit Thorsten zu
befragen – keine Angaben

Abteilungsleiter: Vorschlag/Maßnahme
– Entschuldigungen [Mitschüler/Chemie-Lehrer]
– für Schäden aufkommen
– Sozialmaßnahme: bis zu den Ferien (3 Wochen) Verstärkung des
   Haus- und Hofdienstes

Abstimmung: ja: 8   nein: 1   Enthaltungen: keine

1. Aus dieser stichwortartigen Mitschrift soll ein Protokoll entstehen.

   a) Entsprechen die Notizen den Anforderungen der Konferenzordnung zum Protokoll? (Siehe unten.)

   b) Überlege, welche Stichpunkte gekürzt werden könnten. Arbeite auch mit Abkürzungen und Symbolen.

   c) Fertige ein Verlaufsprotokoll der Klassenkonferenz an.

   d) Schreibe ein Ergebnisprotokoll zur Klassenkonferenz.

Aus einer Konferenzordnung ...

§ 35
Niederschrift

(1) Über jede Konferenz ist von einem Protokollführer eine Niederschrift anzufertigen.

(3) Die Niederschrift muss enthalten:

   1. die Bezeichnung der Konferenz,
   2. den Ort, den Beginn und das Ende der Konferenz,
   3. die Tagesordnung.
   4. die Feststellung, ob Ort, Zeit und Tagesordnung der Konferenz den Mitgliedern ordnungsgemäß bekannt gegeben wurden,
   5. die Namen der anwesenden Mitglieder und der anderen erschienenen Personen,
   6. die Namen der verhinderten Mitglieder,
   7. die Angabe, ob die Konferenz beschlussfähig ist,
   8. die wesentlichen Gesichtspunkte der Beratung,
   9. die Anträge und die gefassten Beschlüsse im Wortlaut,
   10. das Stimmenverhältnis bei Abstimmungen,
   11. die zur Niederschrift ausdrücklich abgegebenen Erklärungen.

(4) Jeder stimmberechtigte Teilnehmer an der Konferenz ist berechtigt seine abweichende Meinung zu einem Konferenzbeschluss in die Niederschrift aufnehmen zu lassen.

(5) Die Niederschrift ist vom Protokollführer und vom Vorsitzenden zu unterzeichnen.

(6) Die Niederschrift ist zu Beginn der nächsten Konferenz zu genehmigen.

> Protokolle müssen übersichtlich und gut lesbar sein.
> Verwende linienloses Papier und schreibe möglichst mit Schreibmaschine oder Computer.

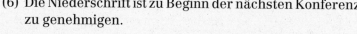

Der folgende Tagesbericht ist von einem Schüler geschrieben worden, der ein Praktikum in der Lufthansa-Verwaltung in Köln-Deutz absolviert hat.

1. Der Personalchef der Lufthansa-Verwaltung möchte den Bericht lesen.
   Überlege, was aus seiner Sicht wichtig ist.

Tagesbericht vom Lufthansa-Hauptgebäude in Köln-Deutz

Der Tag begann um vier Uhr dreißig mit dem Krähen des Weckers. Nach halb verschlafener Dusche und Morgentoilette ging es über das Frühstück zum Bus und letztendlich zur Abfahrt des Zugs um fünf Uhr sechsundvierzig.

Nachdem wir (wir, das sind Hanno und ich) endlich in Köln-Deutz angekommen waren, gingen wir schnellen Schrittes zum HV-Gebäude, begrüßten wie jeden Morgen den Pförtner, stempelten unsere Karten ab und gingen an unsere Arbeitsplätze. (Hanno 14. Stock, ich 1.). Inzwischen war es sieben Uhr geworden und erst ab jetzt lief wie üblich die Zeit auf unseren Karten. Noch acht Stunden!

Nun begann ich mit der Arbeit, und da ich der Erste war, begann ich damit, für Licht zu sorgen, den Kaffee aufzusetzen und den Kopierer sowie den Computer in Gang zu bringen.

Um Viertel nach sieben begann dann die eigentliche Arbeit mit dem, was am Vortag liegen geblieben war.

Dies waren an jenem Tage ca. 264 Buchungsbelege, welche von drei Seiten, auf welchen endlose Zahlenreihen standen, zu vernünftigen, ausgefüllten Formularen umgearbeitet werden mussten. Das hört sich zwar einfach an, es sind aber in Wirklichkeit zum Schluss 15 Seiten à 20 Belege daraus geworden. Mit dieser Arbeit war ich um ca. 9.30 Uhr fertig.

An jenem Tage führte mich Fr. Weber, meine Ausbildungsperson, in die Geheimnisse des Lagercomputers ein.

Dies hatte wiederum zur Folge, dass ich ab jetzt einen Großteil der Bestellungen und der neuen Kundendaten eingeben durfte, nach dem händezermürbenden Ausfüllen von Buchungsbelegen eine interessante und abwechslungsreiche Tätigkeit. Die Bestellungen dieses Tages waren um halb zwölf vollständig eingegeben und nach ein paar Kopien und zwei Faxen durfte ich mich dann endlich meiner wohlverdienten Pause widmen.

Nachdem wir uns in der hauseigenen Kantine herrlich verköstigt hatten, begann die eigentliche Pause, welche hauptsächlich aus einer Dreiviertelstunde Skatspielen im 14. Stock des Gebäudes bestand. Aber leider ging auch diese Pause zu Ende und wir mussten pünktlich eine Stunde nach Pausenbeginn wieder an unseren Arbeitsplätzen erscheinen.

Die Arbeit ging für mich mit ein paar Botengängen und Erledigungen quer durch beide Gebäude weiter. Hier blieb Zeit für ein Gespräch mit einer relativ hübschen Praktikantin.

Als nun auch diese Arbeit getan und es inzwischen halb zwei war, begann wieder die eigentliche Schufterei an meinem Arbeitsplatz. Zum Glück waren es an diesem Nachmittag nur noch ein paar Bestellungen, welche in den Computer eingegeben werden mussten, ein paar Faxe, welche vorbereitet und gesendet werden mussten, und zuletzt auch noch ein paar Blätter, welche kopiert und verteilt werden mussten.

Um Viertel vor drei begann ich damit, meine Sachen einzupacken, die Arbeit für den nächsten Tag zu sortieren und in der Reihenfolge, in der ich sie am nächsten Tag brauchen würde, zu deponieren. Nach einer kurzen Zusammensuchzeit von ca. 1 Minute rannte ich dann auch schon in den zweiten Stock, wo ich meine Karte abstempelte und mich auf den Weg in das Erdgeschoss begab, wo Hanno schon, langsam ungeduldig werdend, auf mich wartete.

Wir waren rechtzeitig am Zug und konnten, da wir einen Sitzplatz bekamen, die Beine ausstrecken und uns ein bisschen ausruhen. Trotzdem reichte die kurze Dauer von einer Stunde nicht, dass wir uns hätten halbwegs erholen können.

Deshalb fiel ich, nachdem wir in Dieringhausen angekommen waren, den Bus nach Hause genommen hatten und ich mein Zimmer betreten hatte, auch schon in tiefen Schlaf.

Es war fünf Uhr und ich völlig erschöpft.

2. Für welche Adressaten wäre der Text in dieser Form geeignet?

3. Lies den Text noch einmal durch. Unterstreiche alle Stellen, die für das Protokollieren eines Arbeitstages wichtig sind.

4. Streiche alle Stellen, die nicht in einen sachlichen Tagesbericht gehören.

5. Erfasse das Wichtigste in Stichworten und ordne es der Uhrzeit zu.

7.00 Uhr   *Arbeitsbeginn* _____

7.15 Uhr   _____

_____   _____

_____   _____

_____   _____

_____   _____

_____   _____

_____   _____

_____   _____

_____   _____

_____   _____

_____   _____

_____   _____

_____   _____

_____   _____

6. Uhrzeiten können in verschiedenen Formen geschrieben werden.
Fülle die Leerstellen der Tabelle aus.

in Worten	in Zahlenformen			umgangssprachlich
sieben Uhr	*7 Uhr*	*7.00 Uhr*	*7:00*	
vier Uhr dreißig				
				Viertel nach sieben (morgens)
				Viertel nach sieben (abends)
				halb drei nachmittags
				halb drei nachts
		9.30 Uhr		
			9:45	

7. Verkürze folgende Satzgefüge.

2.   1.
Um Viertel vor drei ~~begann~~ ich ~~damit~~, meine Sachen einzupacken, die Arbeit für den nächsten Tag
zu sortieren ~~und in der Reihenfolge, in der ich sie am nächsten Tag brauchen würde, zu deponieren.~~
←――― *überflüssig*

Um 14.45 Uhr sortierte ich die Arbeit für den nächsten Tag, anschließend ...

Zum Glück waren es an diesem Nachmittag nur noch ein paar Bestellungen, welche in den Computer eingegeben werden mussten, ein paar Faxe, welche vorbereitet und gesendet werden mussten,
und zuletzt auch noch ein paar Blätter, welche kopiert und verteilt werden mussten.

8. Schreibe einen sachlichen Bericht dieses Praktikumstages in vollständigen Sätzen.
   Verwende die Er-Form.

   Gliedere den Text an passender Stelle durch Absätze.
   Überprüfe Rechtschreibung und Zeichensetzung mit Hilfe eines Wörterbuchs.

DIE ZEIT

Nr. 8　　　Seite 1　　　14. Februar 1992

Das Loch über unseren Häuptern

Ozonalarm im Norden:
Die Sünden der Industrieländer

Bisher schien das Glück den Ignoranten hold zu sein.
Das Ozonloch war weit weg, über Australien, Neu-
seeland und Südchile – eine abstrakte Bedrohung,
ans andere Ende der Welt verdrängt. Über Nacht ist
5　daraus eine konkrete Gefahr geworden: Forscher der
amerikanischen Weltraumbehörde Nasa schlugen in
der vergangenen Woche Alarm, nachdem sie über
den Neuengland-Staaten und Kanada die höchsten
Konzentrationen jener Chemikalie gemessen hatten,
10　die den zerstörerischen Prozess in Gang setzt.
Wenn uns das Wetter übel mitspielt, wird auch über
Nordamerika und großen Teilen Europas die Ozon-
schicht aufbrechen und lebensfeindliche Ultravio-
lettstrahlung bis zum Erdboden dringen lassen. Die
15　Warnung vor Krebs, Erblindung und Immun-
schwäche entspringt dann nicht mehr der Hysterie,
sondern der berechtigten Furcht. Was im dünn besie-
delten Süden des blauen Planeten beinahe schon
grausamer Alltag ist, kann jederzeit auch den dicht
20　bevölkerten Norden heimsuchen. Die unsichtbare
Gefahr schwebt über uns.
Das Menetekel hat einen Namen: Fluorchlorkohlen-
wasserstoff (FCKW). Der Stoff ist unbrennbar, ungif-
tig, geschmacksneutral, wärmeisolierend und che-
25　misch träge, dazu noch billig und vielseitig zu
verwenden. Mehr als siebzehn Millionen Tonnen dieser Chemikalie verkaufte die Industrie in den vergangenen sechzig Jahren, ein fataler Irrtum der
Technikentwicklung. Der Siegeszug des FCKW – als
30　Reinigungssubstanz in der Elektroindustrie, als
Kühlmittel in der Kältetechnik, als Verschäumungs-
mittel in der Kunststoffbranche, als Treibgas in
Spraydosen – war ein unkontrolliertes Experiment
mit der Erdatmosphäre: FCKW-Moleküle zerstören
35　den hauchdünnen Schutzschild der Lufthülle und
heizen den Treibhauseffekt maßgeblich an. Dies ist
die größte Chemiekatastrophe der Menschheitsge-
schichte.

---

1. Suche die unterlegten Fremdwörter heraus, die in den Bereich der Naturwissen-
schaften gehören.
Schreibe sie in der Grundform auf und
kläre unbekannte Begriffe.

die Konzentration _____

_____

_____

_____

_____

_____

_____

2. Schreibe die restlichen gekennzeichneten
Fremdwörter auf und „übersetze" sie mit
einem Fremdwörterbuch.

der Ignorant: „unwissender

Mensch" _____

_____

_____

_____

_____

_____

_____

_____

3. Ersetze die in Klammern stehenden Wörter durch Fremdwörter.

Angst vor dem Ozonloch entspringt nicht mehr (sinnlos übertriebener Erregbarkeit) _____.

Bisher war das Glück den (Nichtwissenden) _____ günstig.

In der Technikentwicklung passierte ein (verhängnisvoller) _____ Irrtum.

Die Auswirkungen bleiben nicht (räumlich) _____ begrenzt.

Das Ozonloch war nur eine (gedankliche) _____ Bedrohung.

4. Wandle um!

eine Region, in der die Besiedelung dünn ist = eine *dünn besiedelte Region* _____

ein Landesteil, in dem die Bevölkerung dicht ist = ein _____

_____

ein chemischer Stoff, der im Geschmack neutral ist = ein _____

_____

_____ = ein hauchdünner Schutzschild

_____ = eine lebensfeindliche Strahlung

_____ = ein wärmeisolierender Stoff

_____ = ein vielseitiger Mensch

5. Sag es anders!

Finde eigene Formulierungen.

über meinem Haupt   – _____

jemandem hold sein   – _____

jemandem übel mitspielen   – _____

jemanden heimsuchen   – _____

etwas in Gang setzen   – _____

etwas maßgeblich anheizen – _____

Autofreie Innenstadt „unrealistisch"

Junge Liberale diskutierten über
Verkehrspolitik / S-Bahn-System?

Münster. Die Jungen Liberalen Münster setzten ihre Beratungen über die zukünftige Verkehrspolitik in Münster fort. „Verkehrskonzept 2001 für die Region Münster" – so lautet der Arbeitstitel eines verkehrspolitischen Programms, das die Jungen Liberalen im Rahmen ihres nächsten Kreiskongresses verabschieden wollen. Die Vorstellungen der JuLis über eine zukunftsorientierte Verkehrspolitik in Münster sollen dann auf dem nächsten FDP-Kreisparteitag eine Mehrheit finden um die Ratsfraktion der Mutterpartei zu verkehrspolitischen Initiativen aufzufordern.

Martin Matz erläuterte den grundsätzlichen Ansatz des Verkehrskonzeptes der JuLis: „Mobilität ist ein Grundbedürfnis in einer freien Gesellschaft – besonders, seit Wohnen, Arbeiten und Freizeit immer häufiger und weiter räumlich getrennt werden. Um die Beweglichkeit der Bürger sicherzustellen, ist Individualverkehr – inklusive des motorisierten – unverzichtbar. Der motorisierte Individualverkehr behindert sich aber zunehmend selbst. Durch Staubildung und überfüllten innerstädtischen Parkraum verhindert der eine die Beweglichkeit des anderen. Wer den motorisierten Individualverkehr will, muss daher dessen gezielte Einschränkung fordern." Die Jungen Liberalen halten eine absolut autofreie Innenstadt für unrealistisch, da Anwohner- und Lieferverkehr unvermeidbar seien. Gleichwohl setzen sie sich für eine autofreiere Innenstadt ein. Autofreiere Innenstadt meine beispielsweise, dass zentral gelegene Straßen keine Parkgelegenheiten mehr bieten sollen. Vorstandsmitglied Daniel Bahr hat mindestens drei Straßenzüge im Auge: „Roggenmarkt – Bogenstraße – Spiekerhof – Rosenstraße sowie Rothenburg – Königsstraße und auch Pferdegasse – Domplatz sollten parkplatzfrei sein. Der Parkplatzsuchverkehr würde in diesem Bereich somit auf Null reduziert."

Während sich die Jungen Liberalen über weitere konkrete – teils innovative – Maßnahmen zur Reduzierung des Individualverkehrs einigen konnten, blieben zwei wesentliche Fragen noch offen: Soll ein S-Bahn-System das Bussystem ergänzen? Zur Beantwortung dieser Frage wollen die JuLis ebenso weitere Informationen einholen wie zur Frage, ob Münster ein Parkhaus unter dem Ludgerikreisel benötige. Einem Ludgeriparkhaus – insoweit erzielten die Jungen Liberalen einen Konsens – würde die münstersche FDP-Jugendorganisation nur zustimmen, wenn die Gesamtzahl der Autostellplätze nicht erhöht würde, an anderen Orten also mindestens 900 Stellplätze wegfielen.

UWE VELTRUP

(aus: Westfälische Nachrichten vom 20. 7. 1991)

---

1. Lies den Zeitungsartikel in Ruhe durch.

2. Formuliere in einem oder zwei Sätzen, worum es in diesem Artikel geht.

_____

_____

_____

3. Unterstreiche unbekannte Wörter, schlage sie im Lexikon nach und schreibe sie mit ihrer Bedeutung auf.

_____

_____

_____

_____

4. Suche Sinnabschnitte und markiere sie am Rand.

5. Unterstreiche in jedem Sinnabschnitt die wichtigste(n) Aussage(n). Es sollten pro Abschnitt nicht mehr als zwei Sätze sein.

6. Markiere nun, z. B. durch doppeltes Unterstreichen, die Schlüsselwörter dieser Aussage.

7. Gib mit Hilfe dieser Schlüsselwörter die Aussagen des Textabschnittes in selbst formulierten Sätzen wieder.

_____

_____

_____

_____

_____

_____

_____

_____

_____

_____

_____

_____

_____

_____

_____

_____

_____

1. Welche Einstellung zur Frage, ob den Privatautos die Durchfahrt durch die Innenstädte untersagt werden sollte, vertreten die Jungen Liberalen?

_____

_____

_____

2. Welche Behauptungen führen sie an, die für eine autofreie Innenstadt sprechen?

_____

_____

_____

_____

3. Wie werden diese Behauptungen belegt und gegebenenfalls begründet?

_____

_____

_____

_____

_____

_____

4. Welche Behauptungen sprechen gegen die Aussperrung der Autos?

_____

_____

_____

5. Wie werden sie belegt und begründet?

6. Ergänze die Liste der Argumente. Füge jeder Behauptung einen Beleg und eventuell eine Begründung hinzu.

7. Ergänze die Liste der Gegenargumente. Belege und begründe auch hier.

1. „Ich lasse mich lieber mit dem Auto zur Schule bringen!"

a) Schreibe Gründe für diese Meinung in Stichworten auf:

Zeitersparnis,

_____

_____

_____

_____

b) Formuliere die für dich wichtigste Begründung. Veranschauliche sie durch Beispiele oder Vergleiche (z. B. Zeitersparnis: Auto 10 Minuten Weg, Fahrrad 40 Minuten).

_____

_____

_____

_____

_____

_____

2. Notiere Argumente für die Benutzung des Schulbusses bzw. des öffentlichen Nahverkehrs.

zusammen sein mit anderen

3. Verfasse einen Artikel für die Schülerzeitung, in dem du deine Mitschüler/Mitschülerinnen von der Benutzung des Schulbusses bzw. des öffentlichen Nahverkehrs überzeugen willst. Schreibe auf linienlosem Papier, möglichst mit Schreibmaschine oder Computer.

4. Einleitung und Schluss einer Argumentation

Lies die folgenden Textbeispiele und entscheide, ob der Ausschnitt eine Einleitung (E) oder der Schluss (S) einer Argumentation sein könnte?

(S)
Die tierschutzwidrigen Praktiken der Profiteure müssen ein Ende finden. Alle aufgezeigten Missstände bei Tiertransporten sind zukünftig zu vermeiden.

Nach eingehender Prüfung aller Argumente kommt man zu dem Ergebnis, dass …

Durch die zusammengetragenen Argumente kommt man zu folgenden Entscheidungen: …

Tierschützer, Tierfreunde sind aufgerufen nicht eher Ruhe zu geben, bis die Missstände der Transporte beseitigt sind und das Los der Schlachttiere verbessert ist.

Zahlreiche Bilder und Berichte von Tiertransporten beunruhigen in letzter Zeit die Öffentlichkeit …

In letzter Zeit wird die Öffentlichkeit durch Meldungen über die Missstände bei Tiertransporten wachgerüttelt …

In allen Medien wird in den letzten Monaten immer eindringlicher auf die Missstände bei Tiertransporten hingewiesen …

Ein Stück Fleisch auf meinem Teller sollte mich auch zum Nachdenken über seine Herkunft veranlassen. Dann muss ich mich unbedingt mit den Problemen der heutigen Tiertransporte auseinander setzen …

Finde eine Einleitung, die zum Thema hinführt. Den Hauptteil bildet deine schriftliche Arbeit unter Punkt 3. Am Schluss bewertest du kurz deine Ausführungen.

5. Schreibe für eine Tageszeitung einen Leserbrief, in dem du deine Meinung zu den Viehtransporten darstellst und durch Beispiele unterstützt.

Tierversuche pro und kontra

1. Auf dieser Seite findest du drei Behauptungen, die den Einsatz von Tieren in der naturwissenschaftlichen Forschung befürworten, drei gegenteilige Behauptungen und den jeweiligen Beleg der Behauptung. Kennzeichne die Tierversuche unterstützenden Behauptungen durch die Großbuchstaben A, B, C, D, die konträren Behauptungen durch I, II, III, IV.

2. Ordne den Behauptungen, die Tierversuche rechtfertigen, die passenden Belege a, b, c, d zu, kennzeichne die Belege der Gegenbehauptungen durch 1, 2, 3, 4.

Man darf Menschen nicht zu „Versuchskaninchen" machen, solange die Wirkung eines Medikaments noch nicht sicher ist.

Durch Tierversuche vermehrt sich das Wissen über die Gesetze der Chemie und der Biologie.

Man kann heute chemische Reaktionen und Wirkstoffe an Bakterienkulturen oder im Reagenzglas nachvollziehen und braucht dazu keine lebenden Objekte.

Tierversuche sind Tierquälerei.

Die Übertragbarkeit der Ergebnisse ist umstritten.

So wirkt Penicillin schon in geringer Dosis tödlich auf Meerschweinchen.

Die Wirkung des lebensrettenden Insulins hat man zunächst an Mäusen ausprobiert.

Tierversuche sind nachprüfbar. Das ist wichtig um wissenschaftlich exakte Aussagen zu erzielen.

Die Ergebnisse pharmazeutischer oder medizinischer Versuche sind auf den Menschen übertragbar.

Man kann z. B. Tiere zu ihrer Urform zurückzüchten und auf diese Weise Informationen über das Leben vor vielen tausend Jahren erhalten.

Die möglicherweise schädigende Wirkung chemischer Substanzen wird zunächst an Tieren ausprobiert.

Zwar würden in Versuchstierzuchtanstalten Tiere speziell gezüchtet, aber häufig nur männliche oder nur weibliche Tiere für Versuche benötigt.

Die Gefahr einem Menschen dauerhafte Schmerzen zuzufügen oder ihn zu töten ist viel zu groß.

Der Umfang der Versuche ist unnötig.

Auf Grund nachvollziehbarer Versuchsbedingungen kann ein Forschungsteam aus Amerika einen in Japan entwickelten Wirkstoff testen und seine Wirkung bestätigen.

Tiere dienen als Wergwerfware.

Sachbücher sind nicht immer **sach**lich!

Lies den folgenden Abschnitt aufmerksam durch.

Massentierhaltung ist Massentierquälerei

Allein für die Milcherzeugung zahlt jeder Bundesbürger einhundert Mark pro Jahr. Bei sinkendem Butterverbrauch (1982 pro Kopf 7,1 Kilogramm, 1983 nur noch 6,7 Kilogramm) steigt der Milchsee. 25 Millionen europäischer Milchkühe geben mehr Milch, als die Europäer trinken können. Jeder fünfte Liter wird zu Butter oder Milchpulver, sprich
5   Schweine- oder Kälberfutter, verarbeitet, 1983 waren es in der BRD 25,2 Millionen Tonnen, 1,5 Millionen Tonnen mehr als 1982. 900 000 Tonnen Butter lagern in europäischen Kühlhäusern. Früher verramschte man diese Überschüsse in die Sowjetunion – als Schmierfett.

Die Marter der Mastkälber

Die Natur stattete Säugetiere wie Menschenmütter mit Milchdrüsen aus, damit sie ihre
10   Kinder artgemäß ernähren können. Ein neugeborenes Kälbchen aber wird seiner Mutter sofort weggenommen, damit es nur ja keinen Tropfen der ach so kostbaren Muttermilch trinkt, denn der Milchsee muss steigen, und wenn wir alle eines Tages darin ersaufen. Drei Monate lebt so ein Tierkind, es sei denn, es ist weiblichen Geschlechts und wird als weitere Milchproduzentin ausgewählt; drei Monate eines unsäglich grauenhaften Marty-
15   riums, es sei denn, es gehört zu den wenigen, die nach althergebrachter Weise aufgezogen werden. In den intensiven Kälbermästereien steckt man es in eine Box, zu eng um sich darin umzudrehen, sich vor- oder rückwärts zu bewegen, die „den Maßen des Tieres wie ein Sarg angepasst ist" (Professor Bernhard Grzimek), man bindet es an einen kurzen Strick, bevor es noch recht auf den wackeligen Beinchen stehen kann, man hält es ein
20   Leben lang in Dämmer- oder Dunkelhaft. Wenn jemand es wagen würde, seinen Hund so zu behandeln, käme er vor den Kadi und müsste mit einer Gefängnisstrafe rechnen. Was kaum jemand weiß: Kälbchen sind sensibler und stressanfälliger als Hunde.

1. Welche Wirkung sollen Formulierungen wie *Kälbchen* (Z. 10) anstatt *Kalb* oder *wackelige Beinchen* (Z. 19) anstatt *Beine* auf den Leser haben?

_____

_____

_____

2. Der Text enthält eine Formulierung, in der die Bewertung der Tierhaltung als Quälerei besonders deutlich zum Ausdruck kommt.

a) Nenne sie.

_____

_____

_____

b) Wie wirkt diese Formulierung auf dich?

_____

_____

_____

3. An welcher Stelle widerspricht sich die Autorin selbst?

_____

_____

_____

4. Was solltest du daher in Bezug auf andere Behauptungen des Textes bedenken?

_____

_____

_____

Städter

Alfred Wolfenstein

Nah wie Löcher eines Siebes stehn
Fenster beieinander, drängend fassen
Häuser sich so dicht an, dass die Straßen
Grau geschwollen wie Gewürgte sehn.

5   Ineinander dicht hineingehakt
Sitzen in den Trams die zwei Fassaden
Leute, wo die Blicke eng ausladen
Und Begierde ineinander ragt.

Unsre Wände sind so dünn wie Haut,
10   Dass ein jeder teilnimmt, wenn ich weine,
Flüstern dringt hinüber wie Gegröle:

Und wie stumm in abgeschlossner Höhle
Unberührt und ungeschaut
Steht doch jeder fern und fühlt: alleine.

1. Der erste Eindruck
Wie wirkt dieses Gedicht auf dich? Schreibe deine Empfindungen und Gedanken stichwortartig nieder.

_____

_____

_____

2. Inhaltssicherung
Gib den Inhalt des Gedichts, noch ohne Deutung der sprachlichen Bilder, wieder. Fasse dazu jede Strophe knapp in einem Satz zusammen.

_____

_____

_____

_____

_____

➜ Hirschgraben Sprachbuch S. 94 ff.

3. **Die Form**

   a) Nenne die Zahl der Strophen und der sie ausmachenden Verse.

   _____

   _____

   _____

   (Diese traditionelle Gedichtform nennt man ein Sonett.)

   b) Untersuche und benenne die Reimschemata.

   _____

   _____

4. **Sprachliche und stilistische Aspekte**

   a) Kannst du einen Rhythmus erkennen? Setze auf die erste Strophe Betonungszeichen.

   b) Untersuche das Verhältnis von Verszeile und Satz bzw. Sinneinheit. Was fällt dir auf?

   _____

   _____

   _____

   c) Um welche sprachlichen Bilder handelt es sich in den folgenden Formulierungen?

   Nah wie Löcher eines Siebes (Z. 1) _____

   drängend fassen Häuser sich ... an (Z. 2/3) _____

   die zwei Fassaden Leute (Z. 6/7) _____

   Schreibe weitere sprachliche Bilder heraus und bestimme sie.

   _____

   _____

   _____

   _____

   _____

   _____

d) Um welche rhetorische Figur handelt es sich in der folgenden Formulierung?

unberührt und ungeschaut (Z. 13) _____
Findest du diese Mittel noch einmal im Text?

_____

e) Untersuche die Wortwahl in den ersten beiden Strophen, besonders die Adjektive und Partizipien. Kannst du Häufungen innerhalb eines Wortfeldes feststellen?

_____

_____

_____

_____

f) Untersuche nun im Gegensatz dazu die letzte Strophe.

_____

_____

_____

5. Die Perspektive

a) Wo erscheint zum ersten Mal das lyrische Ich?

_____

b) Untersuche die Perspektive des lyrischen Ichs. Was nimmt es in den einzelnen Strophen in den Blick? Das eigene Innere, die Dinge, die Menschen seiner Umwelt oder anderes?
Gehe Strophe für Strophe vor. Verwende die Begriffe *Innensicht* und *Außensicht.*
Beschreibe auch die Entwicklung der Perspektive.

_____

_____

_____

_____

_____

_____

_____

→ Hirschgraben Sprachbuch S. 94 ff.

Denke daran: Um die Aussage eines Gedichtes beschreiben zu können, muss man Form, Sprache und Inhalt zueinander in Beziehung setzen. Formale und sprachliche Besonderheiten unterstützen und erklären den Inhalt.

6. **Zusammenfassende Interpretation**

   a) Stelle eine Arbeitshypothese auf: Um welche zentralen Begriffe, Wahrnehmungen oder Probleme geht es in diesem Gedicht?

   _____

   _____

   _____

   _____

   _____

   _____

   b) Deute in diesem Sinn im Einzelnen die sprachlichen und stilistischen Aspekte (Aufgabe 3 und 4). Was sagen sie aus? Welche Wirkung verstärken oder erzielen sie?

   _____

   _____

   _____

   _____

   _____

   _____

   _____

7. Wie nimmst du die Stadt heute wahr? Versuche deine Eindrücke in einem Gedicht zu vermitteln.

   _____

   _____

   _____

   _____

➡ Hirschgraben Sprachbuch S. 94 ff.

Günther Weisenborn **Zwei Männer**

Als der Wolkenbruch, den sich der argentinische Himmel damals im Februar leistete, ein Ende
gefunden hatte, stand das ganze Land unter Wasser. Und unter Wasser standen die Hoffnungen
des Pflanzers von Santa Sabina. Wo ein saftgrünes Vermögen in Gestalt von endlosen Teefel-
dern mit mannshohen Yerbabüschen[1] gestanden hatte, dehnte sich morgens ein endloses Meer.
5 Der Farmer war vernichtet, das wusste er. Er saß auf einer Maiskiste neben seinem Haus und
zählte die fetten Blasen, die an seine Schuhe trieben und dort zerplatzten. Das Maisfeld glich
einem See. Der Rancho[2] des Peons[3] war darin verschwunden. Sein Schilfdach trieb im Strom
davon, eine nickende Straußenleiche vor sich her schiebend. Der Peon hatte sich zu seinem
Herrn geflüchtet und saß neben ihm. Es war ein Indio, der mit breitem, eisernem Gesicht ins
10 Leere starrte. Seine Frau war ertrunken, als sie sich losließ um ihre Hände zur Madonna zu
erheben. Der Peon hatte drei Blasen gezählt. Ihre Hand hatte die letzte Blase erschlagen.
Der Farmer hatte seine Frau in der Stadt. Sie würde vergeblich auf seinen Schritt vor der Tür
warten. Denn der Farmer gab sich noch eine Nacht.
Es ist unter Männern Brauch, dass man sich in gewissen Lagen die letzte Zigarette teilt. Der Far-
15 mer, im Begriff nach Mannes Art zu handeln, wurde von seinem Peon unterbrochen. „Herr!",
rief der Indio, „der Paranà[4]! Der Strom kommt …!" Er hatte Recht. Man hörte in der Ferne ein
furchtbares Donnern. Der Paranà, angeschwollen von Wasser und Wind, brach in die Teepro-
vinzen ein. Paranà, das heißt der größte Strom Argentiniens. Dieses Donnern war das Todesur-
teil für die Männer von Santa Sabina. Sie verstanden sich auf diese Sprache, die Männer. Sie
20 hatten tausendmal dem Tod ins Auge gesehen.
Sie hatten das Weiße im Auge des Pumas gesehen und der Korallenschlange ins kalt strahlende
Gesicht. Sie hatten dem Jaguar gegenübergestanden und der großen Kobra, die sich blähte. Sie
hatten alle diese Begegnungen für sich entschieden, denn ihr Auge war kalt und gelassen ihre
Hand.
25 Jetzt aber halfen keine Patronen und kein scharfes Auge. Dieser Feind hier, das Wasser, war
bösartig wie hundert Schlangen, die heranzischten, und todesdurstig wie der größte Puma auf
dem Ast. Man konnte das Wasser schlagen, es wuchs. Man konnte hineinschießen, es griff an.
Es biss nicht, es stach nicht, das Wasser, es suchte sich nur mit kalten Fingern eine Stelle am
Mann, seinen Mund, um ihn anzufüllen, bis Blasen aus der Lunge quollen. Das Wasser war gelb
30 und lautlos. Und man sah vor Regen den Himmel nicht.
Auf einer kleinen Insel, halb unsichtbar in der triefenden Finsternis, saß der Farmer mit seinem Peon vor seinem Haus.
Dann kam der große Paranà. Er kam nicht mit Pauken und Posaunen. Nein, man merkte ihn
gar nicht. Aber plötzlich stand der Schuh des Farmers im Wasser. Er zog ihn zurück. Aber nach
35 einer Weile stand der Schuh wieder im Wasser, weiß der Teufel … Und wenn man die Maiskiste
zurücksetzte, so musste man sie bald noch ein wenig zurücksetzen, denn kein Mann sitzt gern
im Wasser.
Das war alles, aber das war der Paranà.
Gegen Abend fiel das Hühnerhaus um. Man hörte das halb erstickte Kreischen der Vögel, dann
40 war es wieder still. Später zischte es plötzlich im Wohnhaus auf, denn das Wasser war in den
Herd gedrungen.
Als es dunkel wurde, standen der Farmer und sein Peon bereits bis zum Bauch im Wasser. Sie
kletterten auf das Schilfdach. Dort auf dem Gipfel saßen sie schweigend, dunkle Schatten in der
dunkelsten aller Nächte, indes Töpfe und Kästen aus den Häusern hinausschwammen. Ein
45 Stuhl stieß unten das Glasfenster in Scherben. Das Wasser rauschte. Die Blasen platzten. Ein
totes Huhn schwamm im Kreise vor der Haustür.

1 *Yerbabüsche:* ihre Blätter werden als Tee verwendet
2 *Rancho:* Behausung
3 *Peon:* Tagelöhner
4 *Paranà:* großer Strom in Südamerika, entspringt in Brasilien und fließt durch Paraguay und Argentinien

→ Hirschgraben Sprachbuch S. 94 ff.

Als das Wasser das Dach erreicht hatte, stieß es die Hausmauern nachlässig um. Das Dach stürzte von den gebrochenen Pfosten, schaukelte und krachte, dann drehte es sich um sich selbst und trieb in die rauschende Finsternis hinaus.

50 Das Dach ging einen langen Weg. Es fuhr kreisend zu Tal. Es trieb am Rande der großen Urwälder vorbei. Es segelte durch eine Herde von Rindern, die mit himmelwärts gestreckten Beinen totenstill auf dem wirbelnden Wasser trieben. Glotzäugige Fische schossen vor dem Schatten des Daches davon. Schwarze Aasgeier trieben, traubenweise an ein Pferd gekrallt, den Strom hinab. Sie blickten mordlustigen Auges herüber … Blüten, Möbel und Leichen vereinigten sich

55 zu einem Zug des Todes, der talwärts fuhr, einem undurchsichtigen Ende entgegen.

Gegen Morgen richtete sich der Farmer auf und befahl seinem Peon nicht einzuschlafen. Der Indio verwunderte sich über die harte Stimme seines Herrn.

Er wäre bedenkenlos dem Farmer um die Erde gefolgt. Er war Indio und wusste, was ein Mann ist. Aber er wusste auch, dass ein Mann ein schweres Gewicht hat. Wenn nur ein Mann auf dem

60 Dach sitzt, so hält es natürlich länger, nicht wahr, als wenn es unter dem schweren Gewicht zweier Männer auseinander bricht und versinkt. Und dann gute Nacht …

Er glaubte nicht, dass der Farmer gutwillig das Dach verlassen würde, aber man konnte ihn hinunterkippen, denn es ging hier um Leben und Tod. Das dachte der Indio und er rückte näher. Sein Gesicht war steinern, es troff vor Regen.

65 Das Dach würde auf keinen Fall mehr bis zum Morgen schwimmen. Jetzt schon brachen einzelne Bündel ab und schwammen nebenher. Die Männer mitten auf dem furchtbaren Strom wussten nicht, wo sie waren. Dichter Nebel fuhr mit ihnen. Ringsum das Wasser schien still zu stehen. Fuhren sie im Kreis? Sie wussten es nicht. Sie sahen sich an.

Da folgte der Farmer dem Brauch aller Männer, zog seine letzte Zigarette, brach sie in zwei

70 Teile und bot dem Indio eines an. Sie rissen das Papier ab und kauten den Tabak, da sie kein Feuer hatten.

Er ist ein guter Kamerad, dachte der Peon. Es hat keinen Zweck. Es soll alles seinen Weg gehen. Als er den würzigen Geschmack des Tabaks fühlte, wurde aus der Feindschaft langsam ein Gefühl der Treue. Was willst du? Der Peon hatte seine Frau verloren und sein Kind. Sie hatte

75 die letzte Blase ihres Atems mit ihrer Hand zerschlagen. Er hatte nichts mehr, was ihn zu leben verlockte. Das Schilfdach sank immer tiefer. Wenn er selbst ins Wasser sprang, hielt das Dach vielleicht noch und trug seinen Herrn bis zum Morgen.

Der Dienst ist aus, adios, Señor! Der Peon kletterte über den Giebel bis an den Rand des Daches, als er plötzlich im dunklen Wasser Kaimane[5] rauschen sah, Jaquares[5], die ihn aufmerksam

80 anstarrten. Zum ersten Mal verzog der Indio sein Gesicht, dann hielt er den Atem an und sprang.

Aber er wurde im selben Moment von seinem Herrn gehalten, der ihn wieder aus dem Wasser zog und seinen Peon zornglühend anschrie. Kreideweiß, mit rot geränderten Augen und triefenden Haaren, beugte sich der Farmer über ihn, nannte ihn den Vater allen Unsinns und rüt-

85 telte ihn. Dann befahl er ihm seinen Platz einzunehmen und den Mut nicht zu verlieren, verdammt noch mal …!

Gegen Morgen trieben sie an Land, sprangen über Baumäste und wateten stundenlang, bis sie ins Trockene kamen. Sie klopften den Boden mit Stöcken nach Schlangen ab, und ehe sie sich zum Schlafen in das Maisfeld legten, sagte der Farmer:

90 „Morgen gehen wir zurück und fangen wieder an."

„Bueno", sagte der Indio. Der Regen hörte auf.

---

5 *Kaimane, Jaquares:* Krokodilarten

1. Personen

a) Trage zur Personencharakterisierung zusammen, was wir über das Äußere, das Alter, den Beruf und andere Lebensumstände der beiden Männer erfahren. Beginne mit dem Farmer, beschreibe dann den Peon.

_____

_____

_____

Betrachte nun ihre Gedanken und ihr Handeln. Schließe daraus auf ihren Charakter.

_____

_____

_____

_____

_____

_____

b) Beschreibe die Personenkonstellation. In welcher Beziehung stehen die beiden Männer zueinander? Denke sowohl an ihr berufliches Verhältnis als auch an die Gefühle, die sie füreinander empfinden.

_____

_____

_____

_____

c) Begründe, warum man sagen kann, dass der Peon eine Entwicklung durchgemacht hat. Untersuche, an welchem Punkt der Handlung sich seine Einstellung gegenüber dem Farmer ändert.

_____

_____

_____

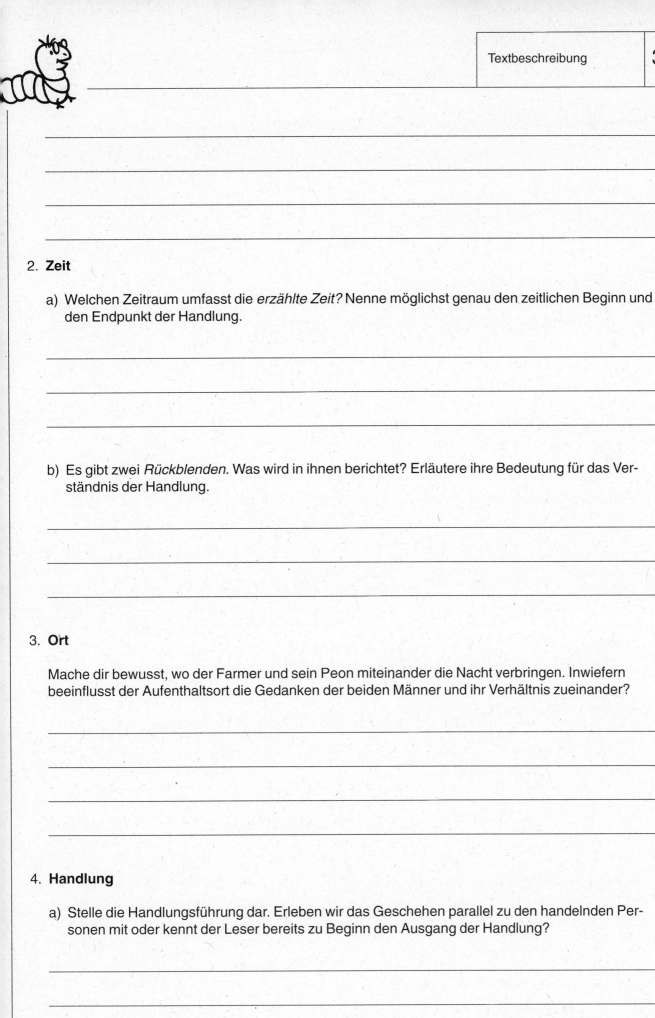

_____

_____

_____

_____

2. Zeit

  a) Welchen Zeitraum umfasst die _erzählte Zeit?_ Nenne möglichst genau den zeitlichen Beginn und den Endpunkt der Handlung.

_____

_____

_____

  b) Es gibt zwei _Rückblenden_. Was wird in ihnen berichtet? Erläutere ihre Bedeutung für das Verständnis der Handlung.

_____

_____

_____

3. Ort

Mache dir bewusst, wo der Farmer und sein Peon miteinander die Nacht verbringen. Inwiefern beeinflusst der Aufenthaltsort die Gedanken der beiden Männer und ihr Verhältnis zueinander?

_____

_____

_____

4. Handlung

  a) Stelle die Handlungsführung dar. Erleben wir das Geschehen parallel zu den handelnden Personen mit oder kennt der Leser bereits zu Beginn den Ausgang der Handlung?

_____

_____

_____

b) Fasse kurz die *äußere Handlung* zusammen. Was geschieht? Was tun und sagen die Personen?

_____

_____

_____

c) Beschreibe die *innere Handlung* in Bezug auf den Peon. Was denkt und fühlt er? (Wenn du Aufgabe 1 ausführlich beantwortet hast, kannst du deine Ergebnisse hier zusammenfassen.)

_____

_____

_____

d) Erläutere, welche Handlungsebene in dieser Geschichte im Vordergrund steht, die äußere oder die innere Handlung.

_____

_____

_____

e) Untersuche die *Symbole* in dieser Geschichte. Was symbolisieren die Blasen (Z. 6, Z. 11, Z. 29, Z. 75)?

_____

_____

_____

Ein anderer Gegenstand wird zu einem zentralen Symbol der Handlung. Nenne ihn und erkläre seine Bedeutung.

_____

_____

5. Aufbau

a) Teile das Geschehen in *Handlungsabschnitte* ein und fasse jeden Abschnitt in einem oder zwei Sätzen zusammen (1. Abschnitt, Z. 1 bis …).

_____

_____

_____

_____

_____

_____

_____

_____

_____

_____

b) Welches äußere Geschehen bewirkt das Ansteigen der *Spannung*?

_____

_____

_____

c) Eine Geschichte kann durchaus mehrere *Höhepunkte*, d. h. Momente, an denen die Spannung stark zunimmt, haben. Bestimme den oder die Höhepunkte dieses Textes. (Nenne nicht nur eine Zeilenangabe, sondern in eigenen Worten den Moment der Handlung.)

_____

_____

_____

d) Wo liegt der *Wendepunkt* der inneren Handlung? (Achte auf die Gedanken des Peon und vgl. 1 b.)

_____

_____

_____

6. Perspektive

a) Auf wessen *Perspektive* liegt der Schwerpunkt der Darstellung, d. h., überwiegt die Innensicht oder die Außensicht?

_____

_____

_____

b) Handelt es sich bei dem Erzähler der Geschichte „Zwei Männer" um einen *auktorialen Erzähler* oder um einen *Er-Erzähler*? Belege durch den Text.

_____

_____

_____

7. Sprache

a) Untersuche die durchschnittliche Länge der Sätze. Welche *Atmosphäre* erzeugt diese Satzlänge?

_____

_____

_____

b) Untersuche den *Wortschatz*: Handelt es sich im Allgemeinen um Alltagssprache, Fachsprache, Jugendsprache oder eine andere Sprachebene? Gibt es auffällige oder schwer zu verstehende Worte? Welche Funktion haben die spanischen Wörter wie Peon und Rancho?

_____

_____

_____

c) Lies den Textabschnitt Z. 25 bis Z. 30. Welche *sprachlichen Bilder* werden zur Beschreibung des Wassers verwendet? (Denke an die *Personifikation*, an *Metaphern* und *Vergleiche*.) Welche Funktion haben diese *sprachlichen Mittel*?

_____

_____

Lies den Textabschnitt Z. 50 bis Z. 55. Nenne das Thema dieses Erzählschrittes. Untersuche die Adjektive und nenne auffällige. Welche Aufgabe haben sie? Wie in einem Gedicht kann man auch den *Klang* eines Textabschnittes untersuchen. Welche Vokale herrschen hier vor? Welche *Stimmung* wird dadurch erzeugt?

8. Gesamtsicht

Lies deine Textbeschreibung noch einmal durch und formuliere zusammenfassend, worum es in dieser Kurzgeschichte geht.

9. Persönliche Stellungnahme

Formuliere deine eigene Meinung zu der Geschichte „Zwei Männer". Was hat dir gefallen, was nicht? Begründe deine Meinung. Kannst du Parallelen zu eigenen Problemen oder Erlebnissen ziehen?

Rechtschreibtraining

Der Eignungstest – darauf musst du achten:

- Die meisten Tests haben eine enge Zeitvorgabe. Lass dich nicht nervös machen! Häufig ist es unmöglich, in der kurzen Zeit alle Aufgaben zu erledigen, die Hälfte bedeutet schon ein befriedigendes Ergebnis. Konzentriere dich deshalb auf die Aufgaben, die dir bekannt und lösbar vorkommen. Wenn du etwas nicht kannst, überspringe es! Beiße dich nicht an diesen Aufgaben fest, du verlierst nur unnötig viel Zeit. Hebe sie dir für einen zweiten Durchgang am Ende auf, falls du noch Zeit hast.
- Falls du mit einer ganzen Aufgabensorte nicht zurechtkommst, überspringe auch diesen Teil des Tests. Es werden in den Tests unterschiedliche Fähigkeiten überprüft. Eine schlechte Leistung in einem Teilbereich kannst du durch einen anderen ausgleichen.
- Achte genau auf die Anweisungen und halte dich präzise daran! Wenn du etwas nicht verstanden hast, frage sofort nach!
- Plane für den Hinweg am Testtag genügend Zeit ein! Sei gut ausgeschlafen, denke an deine Schreibsachen und evtl. auch an deine Brille!
- Denke immer daran, dass deine Mitbewerber/innen auch nur mit „Wasser kochen".
- Sei nicht enttäuscht, falls dein Testergebnis negativ ausfällt. Je öfter du Tests über dich ergehen lässt, desto profihafter wirst du!

Und jetzt fang an zu üben!

Für jeden Test hast du nur max. 5 Minuten Zeit, benutze also eine Stoppuhr.

1. Buchstaben sortieren:
   Wenn die nachfolgenden Buchstabenreihen geordnet werden, ergeben sie ein sinnvolles Wort mit fünf Buchstaben. Deine Aufgabe ist es, den Anfangsbuchstaben des gefundenen Wortes durchzustreichen, z. B.: bei TSETS den Buchstaben T für das Wort TESTS → TSETS

1. SCHIT	9. RÄWEM	17. BÖMEL	25. ERNST	33. NOSEN
2. XOBER	10. ANENT	18. SUHLT	26. RAUME	34. FERUB
3. CREDK	11. LATTB	19. EILNI	27. STUNK	35. GANEW
4. TRECH	12. HEIRE	20. KATAB	28. RUNDG	36. LIFOE
5. FFOST	13. NEKAL	21. MEREI	29. SATES	37. PAFHL
6. RIBEF	14. KACER	22. SESEN	30. TACHN	38. LAHST
7. MAGRM	15. FEISE	23. VUSRI	31. SPREI	39. PALEM
8. ECKED	16. RENIE	24. MURST	32. CLOBK	40. SLAPT

(Schlüsselteil)

2. Rechtschreibung:
   Bei den folgenden 40 Wörtern ist ein Buchstabe falsch geschrieben. Streiche ihn durch, z. B.: „Rechdschreibung"!

Verheltnis	primitif	attragtiv	Leerling
bequehm	entteuscht	fplücken	leuten
Madratze	entlich	hüpsch	ziehmlich
waakerecht	drausen	Nesse	Phüsik
Simpathie	öffendlich	Demunstration	auserdem
laufent	ersatzlohs	Katholig	Bipliothek
Konflickt	anonüm	Wohlstant	Trikoh
Pedahl	Ackord	Dublikat	Wiederstand
Oppusition	Gardiene	Ereigniß	Ackusativ
türkies	Glient	Ackzent	Analüse

(Schlüsselteil)

Meine Fehlerschwerpunkte

Nicht jeder macht dieselben Rechtschreibfehler. Manche haben Probleme mit der Großschreibung, andere mit ß/ss oder d/t …
Hier sind zwei Gruppen von je 50 rechtschreibschwierigen Fällen aufgeführt.

1. a) Schreibe diese Gruppen an zwei verschiedenen Tagen in dein Heft.

   b) Vergleiche jedes Wort, das du geschrieben hast, mit der Vorlage. Wenn du fehlerlos geschrieben hast, mache ein + hinter das Wort, sonst ein –.

Gruppe 1	Gruppe 2
50 rechtschreibschwierige Wörter und Wortgruppen	**50 Fälle der Groß- und Kleinschreibung bzw. der Getrennt- und Zusammenschreibung**

Gruppe 1		Gruppe 2
Missverständnisse	Uraufführung	durch das Verdunsten / das Richtige
widersprüchlich	Widerstand	sportlich interessierte Leute / hautnah
fantasievoll	zeitgemäß	viele sportlich Interessierte / aalglatt
nirgends	auswärts	die richtige Vorhersage / alle Beteiligten
stets	gelegentlich	alle beteiligten Gruppen / bereitstellen
wesentlich	hinterrücks	ungewöhnliche Ereignisse / übermäßig essen
Tintenklecks	du behältst	etwas Ungewöhnliches / übermäßiges Essen
du rutschst	die anstrengendste Strecke	das gedankenlose Wegwerfen / vielschichtig
das gefährdetste Gebiet	Kran	Müll gedankenlos wegwerfen / kühl und nass
sie erschrak	sie bekam	zum Mitmachen auffordern / das kühle Nass
er nimmt an	er stritt ab	zum Nachdenken bringen / im freien Gelände
krabbeln	Schmuggel	Wissenswertes und Erstaunliches / fabrikneu
Hubschrauber	kläglich	das besonders Reizvolle / beim Essen im Freien
gegenüberliegend	wohltuend	eine besonders reizvolle Gegend / diejenigen
Verwandtschaft	sie lädt ein	überlebende Seeleute / vor dem Bremsen
die Sätze – das Gesetz	denken – Gedächtnis	vorher bremsen / ein Gebrauchtwagen
fressen – gefräßig	Kriminalität	die Suche nach Überlebenden / viele Schichten
Visum	Installation	die Falschinformation / von Staub bedeckt
spekulieren	Konflikt	ein gebrauchter Wagen / glatt wie ein Aal
Fanatismus	Investition	briefmarkengroß / kurzschließen
direkt	Vegetarier	auf einmal / zu Ende
sympathisch	Rhythmus	gar nichts / hochrechnen
Hygiene	Ingenieur	irgendeiner / dasselbe
Montage	Clique	das Vertrauen wiedergewinnen
Couch	Tournee	Es ist danebengegangen.
		Das musst du mir vorher sagen.
		Wir können morgen zusammen fahren.

2. Sortiere deine Fehlerwörter nach den folgenden Fehlergruppen:

Vorsilben falsch _____ zusammengesetztes Adjektiv nicht erkannt

_____

_____

Endungen (-s, -st, -ste) oder Fugen-t falsch _____

zusammengesetztes Substantiv (Nomen) nicht erkannt

_____

_____

Doppelkonsonant fehlt _____

substantiviertes (nominalisiertes) Verb nicht erkannt

_____

langer Vokal ohne Dehnungszeichen falsch _____

substantiviertes (nominalisiertes) Adjektiv nicht erkannt

_____

d/t – g/k - b/p verwechselt _____

irrtümlich groß geschrieben

_____

_____

ä/e verwechselt _____ fälschlich zusammengeschrieben

_____

_____

Fehler in Fremdwörtern _____ fälschlich getrennt geschrieben

_____

_____

3. In welcher Fehlergruppe stehen besonders viele Wörter? Die musst du zuerst üben.
   Suche zu deinen Fehlerschwerpunkten passendes Übungsmaterial in diesem Arbeitsheft.

Auf Wortbausteine achten

1. Bilde Wörter mit den Vorsilben ⟨miss-⟩ , ⟨Miss-⟩ und ⟨ur-⟩ , ⟨Ur-⟩

-achten	-verstehen	-stand	-verständnis	-sprünglich
-wald	-sache	-trauen	-gunst	-lingen
-kunde	-brauch	-plötzlich	-einwohner	-glücken
-gemütlich	-großmutter	-bar	-teilen	-erfolg

missachten, _____

_____

_____

_____

_____

2. Wortfamilie „wider" (= gegen, entgegen)

⟨wider⟩ _____ ⟨Wider⟩

| er- | -n | -rechtlich | -spruch | -hall | -wille |

| -lich | -spenstig | -stand | -rede | -sacher |

a) Setze die Wörter zusammen und schreibe sie über die entsprechende Bedeutung.

erwidern _____   _____
antworten   (trotzig)

_____   _____   _____
(ungesetzlich)   (ekelhaft)   (Echo)

_____   _____
(eine Rede gegen etwas)   (Einspruch)

_____   _____   _____
(Abscheu)   (gegenüber)   (Gegner)

b) Bilde Verben mit „wider" und verwende sie in Wortgruppen:
   sprechen, rufen, setzen, legen, spiegeln, fahren.

dem Vorredner widersprechen, _____

_____

_____

_____

Endungen beachten

1. -s am Wortende

am Morgen	Teil	bereit	auswärt/ig
am Abend	Notfall	link	stet/ig
am Anfang	Mittel	recht	nirgend/wo

Bilde neue Wörter mit angehängtem -s und ordne sie den Bedeutungen zu.

in der Frühe = *morgens*   gegenüber der Herzseite = _____

zuerst = _____   am Tagesende = _____

schon = _____   an der Herzseite = _____

anderswo = _____   an keiner Stelle = _____

immer = _____   nicht ganz = _____

mit Hilfe von = _____   wenn es sein muss = _____

2. a) Schreibt mit diesem Text ein Partnerdiktat.

Warum Insekten stechen

Wenn du gelegentlich von Wespen, Bienen oder Mücken belästigt wirst, brauchst du meistens nichts Schlimmes zu befürchten. Wenn dich allerdings eine Wespe im Mund sticht, musst du unbedingt den Arzt aufsuchen.

Wespen sind eigentlich Raubtiere. Sie leben überwiegend von anderen Insekten. Wespen und Bienen stechen nur, wenn sie sich verteidigen. Deshalb schlägst du besser nicht nach ihnen, während sie um dein Marmeladenbrot herumfliegen. Eine Wespe lebt übrigens – im Unterschied zur Biene – nach einem Stich weiter.

Mücken stechen nicht, weil sie wütend sind, sondern um sich zu ernähren. Sie leben nämlich vom Blut der Menschen und Tiere.

Wenn sie endlich durch die dicke Haut an das Blut gelangt ist, spritzt die Mücke etwas Gift in die Wunde, damit das Blut nicht gerinnt. Davon bekommst du die „Beulen". Durch Kratzen verteilst du höchstens das Mückengift und Juckreiz und Schwellung werden wesentlich schlimmer.

Nach dem Insektenstich solltest du möglichst schnell den Stachel entfernen und anschließend die Stelle kühlen.

b) Schreibe heraus

fünf Wörter mit angehängtem -s: *meistens,* _____

_____

drei Wörter mit Fugen-t: *gelegentlich,* _____

_____

vier Wörter mit der Endung -end: *wütend* _____

_____

3. -st am Wortende

Bilde die du-Form. Die Endung -st wird immer an den Verbstamm angehängt.

den Mut be|halt|en   – *Du behältst den Mut.* _____

in Not ge|rat|en   – _____

den Salat |wasch|en   – _____

sich selbst be|herrsch|en   – _____

Beifall |klatsch|en   – _____

auf dem Eis aus|rutsch|en   – _____

sich den Finger |quetsch|en   – _____

einen Teppich |knüpf|en   – _____

über das Wetter |schimpf|en   – _____

sich die Socken |stopf|en.   – _____

4. Superlative

möglich	äußer/e	geeignet	anstrengend
herzlich	unter/e	begeistert	auffallend
sehnlich	vorder/e	gebildet	aufregend

Bilde Superlative durch Anhängen von -st und -ste und verwende sie in kurzen Zusammenhängen.

möglichst – möglichst bald anrufen _____

_____

_____

_____

_____

_____

_____

_____

Lange und kurze Vokale

1. Nach kurzem Vokal steht ein doppelter Konsonant, nach langem Vokal ein einzelner Konsonant. Sprich die Wörter deutlich aus.

all – al	das Met ▪ *das Metall*	das T ▪	schm ▪	über ▪
aff – af att – at	der H ▪ en	besch ▪ en	gest ▪ en	verr ▪ ten
err – er ess – es	h ▪ lich	der H ▪ ing	der B ▪ en	der S ▪ el
ett – et	das Geb ▪	das Br ▪	die Tabl ▪ en	tr ▪ en
omm – om onn – on	der Str ▪	fr ▪	gew ▪ en	sch ▪ en
off – of/öf	h ▪ entlich	h ▪ lich	der ▪ en	getr ▪ en
utt – ut ürr – ür	kap ▪	die Fl ▪	sp ▪ en	d ▪

(Schlüsselteil)

2. Wenn du den Vokal kurz sprichst, entstehen hier neue Wörter mit doppelten Konsonanten. Achte auf die Groß- und Kleinschreibung!

der Haken – *hacken*	der Schal –	die Saat –
die Gase – die	den –	spuken –
die Miete – die	der Ofen –	ihnen –
stehlen –	der Staat – die	der Stiel – die
her – der	schief – das	der Stahl – der
die Robe – die	die Maße – die	schal – der
sie kam – der	fühlen –	das Beet – das
sie lasen – sie	bieten –	ihr –

(Schlüsselteil)

3. Lange Vokale

Stelle fünf Wortfamilien zusammen:

Name	stets	barfuß	unverschämt	stetig
geschoren	Bargeld	schämen	scheren	namentlich
bar	Scham	Stetigkeit	nämlich	Schere

4. Gleicher Klang – verschiedene Bedeutung

| Mahl | | Zunahme | | Wahl | | Uhrzeit | | hohl | | wahr |

a) Schreibe zu jedem Wort mit h das entsprechende ohne h:

das Mahl – das Mal _____

_____

_____

_____

b) Eins der beiden gleich klingenden Wörter kann jeweils hier eingesetzt werden:

ein _____ für Genießer   ein einziges _____ Glück haben

sich für Tiere der _____ interessieren   eine _____ Hand machen

die _____ des Waldsterbens   einen _____ unter Wasser beobachten

Unglaubliches für _____ halten   keine andere _____ haben

5. Kurze und lange Vokale im gleichen Wortstamm

Ergänze jeweils eine verwandte Verbform mit langem Vokal.
Aufpassen! Auch die Vokale im Verbstamm verändern sich.

bekommen
_____
sie bekam

fallen
_____

sie nimmt
_____

erschrecken
_____

treffen
_____

bitten
_____

er tritt
_____

→ Hirschgraben Sprachbuch S. 115

6. Auch hier gibt es lange und kurze Vokale im gleichen Wortstamm.

alles abstreiten   durch den Fluss reiten
im Dunkeln pfeifen   keine Wehrlosen angreifen
sich in den Finger schneiden   über den Steg schreiten

Bilde verschiedene Verbformen und suche verwandte Nomen mit Doppelkonsonanten:

Präsens	Präteritum	Nomen
Er streitet alles ab.	*Er stritt alles ab.*	
		der Pfiff

7. dd, gg, bb kommen nur selten vor. Ergänze:

bu ▨ eln   Fla ▨ e   Wi ▨ er   schmu ▨ elig
ba ▨ ern   E ▨ e   Ro ▨ e   schru ▨ en

Schreibe die Wörter auf und bilde zusammengesetzte Nomen:

buddeln – der Buddelkasten.

8. Gleich klingende Wörter mit ie und i

der (Stiel)   die (Miene)   das (Lied)

der _____   die _____   das _____

a) Schreibe zu jedem ie-Wort das entsprechende mit i.

b) Ordne die Wörter den folgenden Bedeutungen zu:

Gesichtsausdruck = _____   Sprengkörper = _____

Stängel   = _____   Bauart   = _____

Augendeckel   = _____   Gesangsstück = _____

Durch die Rechtschreibreform ist die **ss/ß**-Unterscheidung einfacher geworden. Es gilt die Regel:

Kurze Vokale vor ss – lange Vokale vor ß.

1. ss steht nur nach kurzem Vokal.

   a) ss auch am Wort- und Silbenende:

   die Nüsse – die *Nuss* _____   die Blässe   – _____(Adjektiv)

   die Küsse – der _____   die Nässe   – _____(Adjektiv)

   passieren – der _____   fassen   – un _____(Adjektiv)

   b) ss vor -t:

   verlassen – sie *verlässt* _____   messen   – sie _____(i)

   vergessen – er _____(i)   essen   – er _____(i)

   müssen   – du _____   küssen   – sie _____

   (Schlüsselteil)

2. ß steht nur nach langem Vokal und nach ei, au ...

   Ergänze: a ß   u ß   o ß   ei ß   ie ß   au ß

   Scherz,   Briefschluss
   Freude   ☐☐▥ = _____   ☐☐▥ = _____

   unbedeckt,   Arbeitseifer,
   auch: nur ☐☐▥ = _____   Schaffensfreude ☐☐▥ = _____

   Bund von   schwarzes Pulver
   Blumen   ☐☐☐▥ = _____   aus Kohlenstoff ☐▥ = _____

   heftiger Ruck,   Stab mit
   auch: Stapel ☐☐▥ = _____   spitzem Ende ☐☐☐▥ = _____

   (Schlüsselteil)

3. Wechsel von ss zu ß in einem Wortstamm.
Ergänze:

	ss nach kurzem Vokal		ß nach langem Vokal
	Präteritum	Nomen	Infinitiv
vergossen	*es goss,*	*der Guss*	*gießen*
beeinflussen			
geschlossen			
bissig			
abschüssig			
rissig			

(Schlüsselteil)

4. Ergänze jeweils ein verwandtes Wort mit ß nach langem Vokal:

vergossen – *gießen*	beeinflussen –	geschlossen –
bissig –	fassen – das Ge	messen – das
verlassen – sie	verschlissen – der	gewissenhaft – ich
abschüssig –	gegessen – er	gesessen – er
geschmissen –	rissig –	vergessen – sie

(Schlüsselteil)

5. ss oder ß?

Beachte: ß steht hier nur nach langem Vokal.

ma ▨ voll –	fa ▨ ungslos –	die Flü ▨ igkeit –
der Schlo ▨ er –	geri ▨ en –	die Geldbu ▨ e –
das Flo ▨ –	der Sto ▨ –	der Geno ▨ e –
rechtsau ▨ en –	verru ▨ t –	blo ▨ stellen –
mutma ▨ lich –	genie ▨ en –	unverdro ▨ en –
fahrlä ▨ ig –	die Äu ▨ erung –	die So ▨ e –

(Schlüsselteil)

Ähnlich klingende Konsonanten und Vokale

1. G   g t   d   d   ch   g
   ■rippe Be■lei■ung Gra■ Ra■ Kir■e Tei■
   K   k d   t   t   sch   ch

a) Sprich die Wörter deutlich.
   Schreibe sie zu diesen Bedeutungen:

schmaler Gebirgsrücken – _____   Es dreht sich um eine Achse – _____

Empfehlung, Hinweis – _____   Erkältungskrankheit – _____

Geleit – _____   Maßeinheit – _____

Gotteshaus – _____   Frucht – _____

Sachen zum Anziehen – _____   Futterraufe – _____

Gewässer – _____   rohe Kuchenmasse – _____

2. d oder t? b oder p? g oder k? Entscheide nach der Verlängerungsprobe.
   Plural bilden: Gerä ■ – Gerä<u>t</u>e ...
   passendes Nomen ergänzen: elen ■ – ein elen<u>d</u>es Gefühl ...
   verwandtes Verb (Infinitiv) suchen: Strei ■ – strei<u>k</u>en, genei ■ t – neigen ...

   ⟍_____ verlängert _____⟋   ⟍_____ verlängert _____⟋

<u>Gerä</u> ■ – *Geräte – das Gerät*   <u>Gewer</u> ■ schaft – _____

<u>Gegen</u> ■ – _____   <u>Umwan</u> ■ lung – _____

<u>Anwal</u> ■ – _____   <u>verwel</u> ■ t – _____

<u>Hem</u> ■ – _____   <u>genei</u> ■ t – _____

<u>Strei</u> ■ – _____   <u>elen</u> ■ – _____

<u>Betra</u> ■ – _____   <u>klä</u> ■ lich – _____

<u>Aufschu</u> ■ – _____   <u>Mer</u> ■ mal – _____

3. dt – zusammengezogen aus -det

Ergänze die Wortstämme und baue das Schema mit „senden" nach.

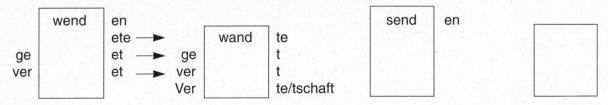

Fachwörter – Fremdwörter

1. Fachsprache in der Schule
   Hier ist einiges durcheinander geraten!

   a) Entschlüssele die Fachwörter.

   b) Ordne sie einzelnen Unterrichtsfächern in der Tabelle zu.

   c) Unterstreiche unbekannte Fachbegriffe.
      Schlage ihre Bedeutung in den Schulbüchern oder im Lexikon nach.

GEOMETRIEINSEKTIZIDREAGENZGLASMASKULINDREIECKADDIERENADJEKTIVATOMKON

JUNKTIONXYLOPHONPASSIVROMANGERADEKONZERTAKKORDELEKTROLYSEPRÄSENS

GLEICHUNGINHALTSANGABEAKKUSATIVOXIDIERENALUMINIUMDUOFUGEVARIABLESÄU

REAGGREGATZUSTANDBASEOPERMETRONOMIONORCHESTERSINGULARROCKBANDAR

TIKELACHSENENNERFUNKTIONKOMPONISTDIFFERENZOUVERTÜREELEMENTOBJEKTPO

TENZADAGIOGLIEDERUNGDIFFUSIONERWEITERNVERBSYNTHESIZERSYNTHETISCH

Mathematik			
Geometrie			

2. Wörter aus dem Englischen
   Versuche für die folgenden Anglizismen zunächst eine eigene Übersetzung zu finden. Vergleiche deinen Übersetzungsversuch mit einem Fremdwörterbuch.

cool	*lässig* *1. leidenschaftslos* *2. sehr gut*	Airbag	
Manager		Streetworker	
Make-up		Leggings	
Brainstorming		Outfit	
Headhunter		Highlight	

3. Lies die folgenden Lautschriften. Ergänze mit Hilfe eines Fremdwörterbuches die Schreibweise und die Bedeutung der Wörter.

Lautschrift	Schreibweise	Bedeutung des Wortes
[äksch^n]	*Action*	*heftig bewegte [Film-]Handlung*
[thril^{e}r]		
[kwiß]		
[o^{u}ldi]		
[ßint^{e}ßais^{e}r]		
[^{u}äkm^{e}n]		
[bodi]		
[ßwätschö^{r}t]		
[schaket]		

(Schlüsselteil)

Hirschgraben Sprachbuch S. 116 f.

4. Ordne nach sechs Wortfamilien:
die Aktion / spezialisieren / das Visier / die Demonstration / das Zentrum / kriminell / die Vision /
aktuell / dezentralisieren / die Kriminalität / der Demonstrant / kriminalisieren / die Spezialität /
demonstrativ / zentrieren / speziell / aktivieren / das Visum

> Die folgende Übung ist eine Vorbereitung auf den Eignungstest.

5. a) Ergänze die Wortreihen. Es fehlt jeweils ein Fremdwort aus dem Pinnzettel.

Zusammenspiel – Ziffernfolge – Folgerung – _____

Annahme – Einbildung – Geschäft – _____

Bezauberung – Wirkung – Spannung – _____

Verhalten – Erwiderung – Gegenbewegung – _____

Abbildung – Erläuterung – Verdeutlichung – _____

Anschluss – Einbau – Einrichtung – _____

Planung – Anordnung – Bündnis – _____

Eignung – Befähigung – Voraussetzung – _____

Gegenseite – Widerspruch – Weigerung – _____

Geschlechterfolge – Menschenalter – Zeitraum – _____

Pinnzettel:
Kombination
Illustration
Qualifikation
Spekulation
Opposition
Faszination
Reaktion
Organisation
Installation
Generation

(Schlüsselteil)

b) Schreibe zu den Nomen mit -ion verwandte Verben mit -ieren:

kombinieren, _____

_____

_____

6. Ergänze verwandte Wörter. Achte dabei auf die Groß- und Kleinschreibung!

die Technik	elektrisch	mechanisch
der _____ (-er)	der _____ (-ker)	die _____ (-ik)
_____ (-isch)	die _____ (-tronik)	der _____ (-er)

die Taktik	die Logik	keramisch
_____ (-isch)	_____ (-isch)	die _____ (-ik)
der _____ (-er)	die _____ (-istik)	die _____ (-erin)

7. Setze zusammen:

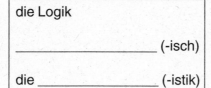

Kon-　　Ex-/ex-　　Pro-	-flikt　-pedition　-gnose	-press　-junktur　-perte	-jekt　-trast　-zept	-vinz　-viant　-emplar

Streit = _____　　Wirtschaftslage = _____　　Gegensatz = _____

Entwurf = _____　　eilig = _____　　Sachverständiger = _____

Muster = _____　　Vorhaben = _____　　Landesteil = _____

Verpflegung = _____　　Vorhersage = _____　　Forschungsreise = _____

(Schlüsselteil)

8. Auch viele Fremdwörter haben typische Endungen. Sortiere nach Endungen:

Medikament	Justiz	Egoismus	Literatur	Quartett	Pedal
Zensur	Parkett	total	Realismus	Notiz	Fundament
Fanatismus	Element	Tablett	Pokal	Kultur	Indiz

9. Vorsicht! k statt ck

a) Ergänze _ak_ oder _ek_:

dir●t	pr●tisch	Archit●t	Kont●t
Dir●tor	Pr●tikum	Archit●tur	int●t halten
korr●t	Pr●tikant	archit●tonisch	T●tik
▼	▼	▼	▼

_____

_____

Inf●tion	Koll●te	L●türe	Resp●t
def●t	koll●tiv	Dial●t	sp●takulär
eff●tiv	Koll●tion	Intell●t	Insp●tion
▼	▼	▼	▼

_____

_____

b) Rätsel

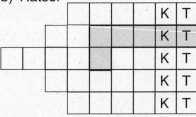

		schadhaft, fehlerhaft
K	T	schadhaft, fehlerhaft
K	T	Berührung, menschliche Beziehung
K	T	Er entwirft Bauwerke.
K	T	richtig, einwandfrei
K	T	ohne Umweg, unmittelbar

Lösungswort:

_____

10. Löse die einzelnen Fremdwörter heraus. Achte auf die Groß- und Kleinschreibung!

VENTILATORVISIONFAVORITINVALIDEREVOLUTIONVIDEO
VIRUSVANILLEVENEVERANDAVAGEVARIABELVEGETARISCH

Fremdwörter mit v (gesprochen wie w)

_____

_____

_____

11. Fremdwörter mit y

PHYSIKDYNAMISCHSYSTEMHYGIENISCHTYPSYMBOLRHYTHMUSSYMPATHISCH

_____

_____

➞ Hirschgraben Sprachbuch S. 116 f.

Französische Fremdwörter werden meist anders gesprochen, als wir sie lesen, z.B. -eu [ö], -g [stimmhaftes sch], -on [ong]

12. a) Ergänze -eur oder -age:

der Fris	die Gar	die Report	der Ingeni
der Amat	die G	die Et	die Redakt in
die Regiss in	die Coll	die Plant	der Spedit

b) Leite Substantive (Nomen) mit der Endung -age ab:

spionieren – die _____   blamieren – die _____

passieren – die _____   montieren – die _____

sabotieren – die _____   massieren – die _____

13. Ordne nach gleichen Endungen:

Balkon   Ballon   Parlament   Temperament   Waggon
Tablett   Kompliment   Kotelett   Kabinett

14. Rätsel

Schreibe die Lösungswörter hier noch einmal auf:

C			Q	U		
C			É			
C			M			
C			C	H		
C				S	O	N

Personengruppe – _____

Kaffeehaus – _____

Hautsalbe, auch: Süßspeise – _____

Liegesofa – _____

Liedform – _____

(Schlüsselteil)

15. Ordne den unterstrichenen Wörtern und Wortgruppen die folgenden englischen Fremdwörter zu:

Baby, Boom, Center, Come-back, Comics, Crew, Handikap, Hearing, Manager, Interview, Service, Team, Teenager.

gerne <u>Bildergeschichten</u> über Asterix und Obelix lesen   *Comics* _____

in einem <u>öffentlichen Informationsgespräch</u> Stellung nehmen _____

eine neue Einkaufs<u>anlage</u> eröffnen _____

als Künstler ein <u>erfolgreiches Wiederauftreten</u> feiern _____

einen guten <u>Kundendienst</u> rund um die Uhr bieten _____

eine <u>öffentliche Anhörung</u> mit Fachleuten durchführen _____

den <u>Wirtschaftsboss</u> wegen Erfolglosigkeit entlassen _____

die Flugzeug<u>besatzung</u> auswechseln _____

mit einer starken <u>Benachteiligung</u> ins Rennen gehen _____

die <u>Gruppen</u>arbeit im Betrieb einführen _____

von autogrammhungrigen <u>jungen Mädchen</u> umlagert _____

das <u>Kleinkind</u> wickeln und füttern _____

ein überraschender <u>Aufschwung</u> in der Autoindustrie _____

16. | Computer, Finale, Beat, Caravan, Büfett, Charterflug, Camping, Frikadelle, Diskjockey, fair, Foul, Chip, Omelett, Stadion, surfen, trainieren, Musical, Stewardess, Satellit, Restaurant, Revanche, Show, Cocktail, Konfitüre |

Sortiere nach folgenden Bereichen:

Technik, Verkehr, Reisen	Sport	Musik	Essen, Trinken

Groß oder klein?

Zur Erinnerung

Verben, Adjektive und andere Wörter können wie Substantive (Nomen)
gebraucht werden, d.h., sie können substantiviert (nominalisiert) werden.
Substantivierungen (Nominalisierungen) haben die gleichen Begleiter wie Nomen:

Artikel oder Pronomen	▶	<u>das</u> Absetzen, <u>ihr</u> Auseinanderbrechen
Präpositionen (+ Artikel)	▶	<u>durch</u> (<u>das</u>) Verdunsten
Mengenwörter, Zahlwörter	▶	<u>viele</u> Verunglückte, <u>sieben</u> Überlebende

1. das Richtige / beim Bremsen / Näheres / im Kommen / ihr Erspartes / übermäßiges Essen /
   alle Beteiligten / das Passende / musisch Interessierte / Jugendliche / etwas Ungewöhnliches /
   das Einrichten

   Ordne die Wörter bzw. Wortgruppen:

substantivierte (nominalisierte) Verben	substantivierte (nominalisierte) Adjektive	substantivierte (nominalisierte) Partizipien

2. Schützt den Sachsenwald!

 Bleibt auf den befestigten Wegen. *Das Verlassen der* _____

_____

 Reitet nur mit Genehmigung auf den Reitwegen. _____

_____

 Raucht nicht und zündet kein Feuer an. _____

_____

 Werft keine Abfälle in den Wald. _____

_____

Formuliere die Gebote des Landes-, Wald- und Landschaftspflegegesetzes um, indem du substanti-
vierte (nominalisierte) Verben verwendest: Das … ist (nicht) gestattet / (nicht) erlaubt / verboten.

3. In der Pestalozzi-Schule besprechen Lehrer und Schüler miteinander die Vorwürfe der Gertrud-Bäumer-Schule. Auch hier werden Beschwerden laut. Entscheide, ob du groß- oder kleinschreiben musst.

A. Die Trudis DRÄNGELN _____ sich am Brötchenstand immer vor!

B. Dies ewige DRÄNGELN _____ nervt mich auch!

C. Außerdem versuchen sie immer alle Schachfelder zu BESETZEN _____ .

D. Ja, zum BESETZEN _____ der Felder reicht es, aber SPIELEN _____

können sie nicht, hihi! Beim SPIELEN _____ kriegen sie sich nämlich in die Haare!

E. Mich nervt ihr LÄSTERN _____ hinter dem Rücken. Sie finden immer einen

Grund über uns zu LÄSTERN _____ .

F. Häufig VERSPERREN _____ sie den Toiletteneingang.

G. Manche VERSPERREN _____ uns überhaupt einfach den Weg!

H. Und die WERFEN _____ uns Gewalt vor! Was ist denn schon dabei, wenn

wir mal mit Sachen WERFEN _____ und uns WEHREN _____ ?

I. Du weißt, dass PRÜGELN _____ und STEHLEN _____

verboten sind!

4. Auch in der SV wurden Anschuldigungen laut. Formuliere für das Protokoll im Nominalstil.

Die Trudis nehmen uns immer die Tennisbälle weg!   Sie sind gehässig!
Sie beanspruchen alle Spielgeräte!   Sie sind gemein!
Sie verstecken die Basketbälle!   Sie missachten die Hofordnung!
Sie sind nicht bereit mit uns zu reden!

Die Schüler kritisierten / bemängelten / warfen ... vor ...

das Wegnehmen der Tennisbälle _____

_____

_____

_____

_____

_____

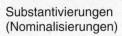

5. ernst sein oder Ernst machen? Entscheide, ob groß oder klein.

   A. An diesem Unfall hatte er keine SCHULD _____ .

   B. Leute, jetzt wird's ERNST _____ !

   C. Es ist mein gutes RECHT _____ , eine Pause zu machen!

   D. Das tut mir wirklich LEID _____ .

   E. Beim Anblick des Zeugnisses wurde ihm plötzlich ANGST _____ .

   F. Du bist nicht SCHULD _____ an Vaters schlechter Laune.

   G. Haben Sie im ERNST _____ an diese Geschichte geglaubt?

   H. Siehst du, ich hatte RECHT _____ !

   I. Ich bin das ewige Aufräumen jetzt LEID _____ .

   J. Vor dem Zahnarztbesuch hat fast jeder ANGST _____ .

   (Schlüsselteil)

6. Auf dem Weg zum Pol
   Setze die folgenden Wortpaare WEH UND ACH, HIN UND HER, WENN UND ABER, AUF UND AB,
   FÜR UND WIDER, VOR UND ZURÜCK ein.

   A. Nachdem Fuchs und Messmer lange (die verschiedenen Aspekte) _____

   _____ einer erhöhten Tagesleistung diskutiert hatten, trafen sie eine Entscheidung.

   B. Ohne (zu klagen) _____ nahm auch Fuchs die Herausforderung an.

   C. Obwohl der Weg durch den Gletscher mehrfach (hinauf und hinunter) _____

   _____ verlief, kamen sie zügig voran.

   D. Manchmal schien es ihnen allerdings, als würden sie ziellos (in verschiedene Richtungen) _____

   _____ laufen.

   E. Einmal geriet der Schlitten in eine Gletscherspalte und bewegte sich nicht (in die eine Richtung)

   _____ und nicht (in die andere) _____ .

   F. Die Tagesetappe musste jedoch ohne (Protest) _____ erbracht werden.

   (Schlüsselteil)

7. Großschreibung
Die folgenden Wörter werden großgeschrieben. Bilde Sätze.

im Ganzen	das Folgende	die Erste	etwas Ähnliches	nichts Wichtiges
der Nächste	im Allgemeinen	das Beste	alle Neuen	der Dritte

_____

_____

_____

_____

_____

_____

_____

_____

_____

8. Groß oder klein?

A. Die EINEN _____ hatten keine Lust, die ANDEREN _____ keine Zeit.

B. Nur die NEUEN_____ waren noch nicht abgeschreckt.

C. Das kann ich dir im EINZELNEN _____ auch nicht sagen.

D. Du hast dir nicht das GERINGSTE _____ vorzuwerfen.

E. Jeder ANDERE _____ hätte genauso gehandelt.

F. Das MEISTE _____ ist einfach zu verstehen.

G. Alles ÜBRIGE _____ erkläre ich dir später.

H. Das ist etwas ganz ANDERES_____ .

I. Jeder DRITTE _____ leidet an Übergewicht.

J. Am WENIGSTEN _____ interessiert mich Erdkunde.

K. Es waren nicht VIELE _____ , die diese Gelegenheit genutzt haben.

L. Im FOLGENDEN _____ geht es um die Figurenkonstellation.

(Schlüsselteil)

Zeichensetzungstraining

1. Gute Fahrt auf der Autobahn

Wer auf der Autobahn möglichst stressfrei fahren will, sollte _____

_____

_____

> **Erste Regel:**
> Zwischen Wörtern und Wortgruppen, die <u>aufgezählt</u> werden, steht ein <u>Komma</u> oder <u>und</u> bzw. <u>oder</u>.

Ein ausreichender Sicherheitsabstand schließt _____

_____

_____ aus.

Besondere Umsicht ist nötig _____

_____

So erreicht man sein Ziel _____

und nicht _____

Ergänze in dem Lückentext die folgenden Aufzählungen. Überlege, was inhaltlich passt.

bei plötzlichen Staus / an Baustellen / bei Autobahnkreuzungen / bei Ausfahrten

abrupte Bremsmanöver / mögliches Auffahren / damit schwere Unfälle

die Richtgeschwindigkeit 130 km/h beachten / den Sicherheitsabstand einhalten / möglichst rechts fahren

ruhig / relaxed / ausgeglichen / rasend / überreizt / abgehetzt

2. Sprit sparen

Nicht nur durch _____

_____ lässt sich viel Benzin sparen.

Die größte Einsparung wird erreicht, indem du _____

_____

_____

geringere Luftwiderstandswerte / Hightechmotoren

nicht mit Bleifuß fährst / unnötige Spurts vermeidest / gefühlvoll beschleunigst lange im höchsten Gang bleibst / möglichst früh hoch schaltest / vorausschauend fährst

64   Kommasetzung
bei Einschüben und
Unterbrechungen

Komma bei Einschüben und Unterbrechungen

1. Füge an den mit ▲ bezeichneten Stellen jeweils eine passende
nachträgliche Erklärung bzw. Ergänzung ein (s. Kasten).
Trenne sie durch Kommas ab.

Nach längerem Suchen parkt Carolin schließlich im Halteverbot und
geht ▲ zur Arbeit. – Auf Strecken von einem bis zu sechs Kilometern ▲ ist
der Radfahrer in der Stadt die Nummer eins. – Konsequent müssen die
Pkw-Ströme aus dem inneren Zentrum ▲ verbannt werden. – Die Berufs-
und Ausbildungspendler ▲ sind das Potenzial um den Radfahreranteil
noch zu erhöhen. – Wichtig ist, dass das Busfahren schneller wird ▲ . –
Fahrzeuge ▲ weichen bei Gegenverkehr oft auf den Radweg aus.

> ▲ bereits ziemlich entnervt
> ▲ also Schüler, Lehrlinge und Studenten
> ▲ dem Herzen der City
> ▲ insbesondere Lkw und Busse
> ▲ d.h., unnötige Wartezeiten müssten entfallen
> ▲ und das ist die häufigste Weglänge

Zweite Regel:
Nachträgliche
Erklärungen oder
Zusätze (Wörter,
Wortgruppen oder
Teilsätze) werden
durch Komma
abgetrennt. Sie
können auch durch
„und zwar", „näm-
lich", „d. h." o. Ä.
eingeleitet werden.

_____

_____

_____

_____

_____

_____

_____

_____

_____

_____

_____

_____

_____

_____

_____

Komma bei satzwertigen Satzteilen

1. Nach der neuen Rechtschreibung **kann** in den folgenden Sätzen ein Komma stehen.
Es **muss** aber **nicht**.

Dritte Regel:
Der erweiterte Infinitiv mit „zu" **kann** vom Hauptsatz abgetrennt werden(,) um die Gliederung des Ganzsatzes deutlich zu machen oder um Missverständnisse auszuschließen.

   a) An welcher Stelle könnte es stehen? Setze es.

   b) Hältst du ein Komma an dieser Stelle für sinnvoll?
   Begründe.

   A. Ich verspreche ihm nicht zu widersprechen.

   _____

   _____

   B. Er hat um die besondere Bedeutung dieses Forschungsergebnisses zu unterstreichen betont wie wichtig es ist die Einzeldaten genau zu würdigen.

   _____

   _____

   C. Manchmal muss man um bei einer Bewerbung ans Ziel zu kommen genaue Informationen einholen um mit speziellen Branchenkenntnissen aufwarten zu können.

   _____

   _____

   D. Diese Aufgabe ist zu leicht um mich wirklich herauszufordern.

   _____

   _____

   E. Er versuchte nicht an die Schmerzen in den Füßen zu denken.

   _____

   _____

   F. Es war ihm gelungen den Nord- und den Südpol innerhalb eines Jahres zu erreichen.

   _____

   _____

Komma zwischen verschiedenwertigen Sätzen

Verkehrter Verkehr

1. Fasse jeweils zwei einfache Sätze zu einem Satzgefüge (HS – NS)
   zusammen. Dabei wird einer der beiden Sätze zum Nebensatz.

   Die Einleitungswörter (Konjunktion, Fragewort, Relativpronomen) sind in diesem Zeichen vorgegeben:

   Beachte: Das Fragezeichen fällt in indirekten Fragesätzen weg.

   | HS, | die   NS |, _____ . |

   Leute, die ein Auto haben, gewöhnen sich schnell an die Bequemlichkeit.

   Nebensatz als Zwischensatz

> **Vierte Regel:**
> Nebensätze
> werden vom
> Hauptsatz getrennt.
> Der Nebensatz
> kann Nachsatz,
> Zwischensatz
> oder Vordersatz
> sein.

wenn ▷ Das Auto steht direkt vor der Tür.
Oft werden auch die 500 m zum Bäcker damit zurückgelegt.

_____

_____

welche ▷ Wer denkt schon darüber nach?
Welche Folgen hat das für eine Stadt?

_____

_____

die ▷ Die Belastung der Städte mit Kohlenmonoxiden, Stickoxiden und Kohlenwasserstof-
fen ▲ hat sich in den letzten 15 Jahren verdreifacht.
Sie strömen aus den Auspuffrohren.

_____

_____

die ▷ Die Bürger ▲ werden extrem durch Gestank und Lärm belästigt und geschädigt.
Sie müssen in der Stadt leben und arbeiten.

_____

_____

weil ▷ Besonders Kinder leiden darunter.
Die Abgase sind in geringer Höhe über dem Boden besonders konzentriert.

_____

_____

2. Ergänze die fehlenden Wörter (s. Pinnzettel) und Kommas nach Regel 4.

_____ in Zukunft immer mehr Autofahrer der Umwelt zuliebe

aufs Rad oder auf öffentliche Verkehrsmittel umsteigen sollen muss diesen

Verkehrsmitteln wesentlich mehr Raum gegeben werden. Die Fahrräder

_____ heutzutage angeboten werden sind technisch meist hervorragend ausgestattet.

Das Geschäft mit Fahrrädern boomt in Deutschland _____·_____ mit der Mountainbike-Welle

das Radeln Modesport geworden ist.

Das geht so weit _____ allein 1992 fünf Millionen verkauft worden sind.

Aber was nützt es der allgemeinen Verkehrssituation _____ der Tritt in die Pedale nur

als Wochenendvergnügen oder im Urlaub erfolgt. Geradelt wird dann dort _____

Autogestank und Lärm gedämpft sind, also auf dem Land und in den Bergen. Städte werden auch

deshalb gemieden _____ es dort kaum Fahrradwege gibt und die Radfahrer nicht

selten von den Autofahrern in den Gully abgedrängt werden.

wenn	seitdem
wenn	die
weil	wo
dass	

3. Fasse jeweils zwei Sätze – zuletzt drei – zusammen.
Der zweite Satz wird zum Relativsatz, der von einem Relativpronomen eingeleitet wird:
… Radweg, der …

Wie jeden Morgen ärgert sich Rolf über den holprigen <u>Radweg</u>. Der <u>Radweg</u> endet nach 400 Metern
auf der Straße.
Vor der <u>Buchhandlung</u> findet Gerda wieder keinen Parkplatz für ihr Auto. In der <u>Buchhandlung</u> macht
sie ihre Lehre.
Andreas wartet an der Haltestelle zehn Minuten im Regen auf den <u>Bus</u>. Der <u>Bus</u> ist auch diesen Morgen wieder zu spät.
Dies sind drei <u>Situationen</u>. Die <u>Situationen</u> zeigen <u>Probleme</u> auf. Die <u>Probleme</u> hat jeder, der auf
Verkehrsmittel angewiesen ist.

_____

_____

_____

_____

_____

_____

Forschung im ewigen Eis

1. Fragen der Journalisten an die Damenriege nach ihrer Rückkehr:

Welche Ergebnisse können Sie uns mitteilen?
Warum sind Sie einen Monat länger geblieben?
Hatten Sie mit unvorhergesehenen Schwierigkeiten zu kämpfen?
Wie hat sich die lange Dunkelheit auf Ihre seelische Verfassung ausgewirkt?
Würden Sie nochmals in einer reinen Frauengruppe starten?
Wo werden Sie als Nächstes hinfahren?

Forme um in indirekte Fragesätze. Welches Satzzeichen steht am Ende? Wie kann man die Anrede *Sie* ersetzen?

A. Der Bonner Anzeiger wüsste gerne _____

_____

B. Die Ruhrzeitung interessiert _____

_____

C. Die Frage des Weltspiegels ist _____

_____

D. Die Kieler Nachrichten fragen _____

_____

E. Die Morgenpost möchte wissen _____

_____

F. Die Rheinischen Blätter interessiert _____

2. dass-Sätze
Beantworte einige der Fragen in dass-Sätzen. Verwende verschiedene einleitende Formulierungen.

A. Die Teamchefin erklärte _____

_____

B. Die Funkoffizierin _____

_____

C. Estella Weigelt _____

_____

_____

→ Hirschgraben Sprachbuch S. 122 ff.

1. Damenmannschaft in der Antarktis

Setze die Kommas, zeichne entsprechende Satzmodelle und trage die den Nebensatz einleitenden Wörter ein.

A. Die Mannschaft die Anfang Dezember in die Antarktis startet wo sie in der Georg-von-Neumayer-Station überwintern wird besteht nur aus Frauen.

B. Estella Weigelt die gerade ihr Studium abgeschlossen hat reizt die Tatsache dass sie an einem Ort der Erde forschen kann den selten jemand betreten hat.

C. Schon lange wollte die Funkoffizierin Susanne Baumert in die Antarktis nachdem ihr Kollegen von diesem Erdteil erzählt hatten doch sie machte sich da sie weiblich ist zunächst keine Hoffnung dass ihr Traum jemals in Erfüllung gehen könnte denn für viele Forschungsinstitute ist die Wissenschaft nach wie vor eine Männerdomäne.

D. Obwohl sie wissen dass es eine harte Zeit werden wird freuen sich die Frauen auf ihre Arbeit auf die sie in wochenlangen Lehrgängen vorbereitet werden.

E. Damit falls einer der Forscherinnen etwas Ernsthaftes zustoßen sollte fachkundige Hilfe sofort zur Verfügung steht wird die Gruppe von einer Ärztin begleitet.

F. Die Wissenschaftlerinnen unternehmen dieses Wagnis nicht des Geldes wegen denn dafür sind die Anforderungen viel zu extrem sie alle sind vielmehr von Abenteuerlust gepackt und neugierig auf Eindrücke und Erfahrungen die ihnen unsere auf Sicherheit und Planbarkeit ausgerichtete Zivilisation nicht bieten kann.

1. Setze die fehlenden Kommas nach den Regeln 1, 2, 3 und 4.
   Gib in den Kästchen die entsprechenden Regeln an.

Die sparsamen und komfortablen Autos der Zukunft   **Regel**

Mit dem Modell „F 100" demonstrierten die Forscher und Ingenieure wie in ein paar
Jahren sparsame und komfortable Autos aussehen werden.   `4`

Sie haben dabei eine alte Erfahrung zur Grundidee gemacht dass nämlich schon die
Pferdekutscher sich zwischen den Rössern wohler fühlten als am Rande des Bocks.   ☐

Hunderte von Crashtests haben mittlerweile bewiesen dass der sicherste Platz nicht
links oder rechts sondern in der Mitte ist.   ☐☐
Jetzt erst zog man die Konsequenz indem der Fahrerplatz exakt in die Mitte verlegt
wurde.   ☐

Die Passagiere die in der zweiten und dritten Reihe sitzen haben freie Sicht nach vorn
und mehr Platz für ihre Beine als je zuvor.   ☐
Die Mitfahrenden können sich mit dem Fahrer unterhalten ohne ihn ständig von hinten
ansprechen zu müssen.   ☐

Die Türen ragen bis in das Dach schwenken einen Teil des Fahrzeugbodens mit
heraus und bewegen sich seitlich am Auto vorbei.   ☐
Solche Türen mit Hilfsmotoren auf Knopfdruck angezogen knallen natürlich nicht
mehr zu.   ☐

Die flachen Rückleuchten die keine Löcher mehr in der Karosserie brauchen sondern
formbündig aufgeklebt sind wirken als Lichtleiter d. h. sie können gebündelte
Lichtstrahlen um die Ecke bringen.   ☐☐☐

Durch elektronische Schaltungen werden zahlreiche Steuerungen untereinander so
sinnvoll vernetzt dass z. B. das Gaspedal so lange blockiert ist bis alle Türen
geschlossen sind.   ☐☐

Am Armaturenbrett gibt der Bordcomputer eine Vielzahl von Hinweisen z. B.
Tankfüllung Zeit Kilometerstand Tageskilometer Motoröl Kühlmittel Standlicht.   ☐☐

Beim Tanken wird der Ölstand signalisiert der Vorrat an Scheibenwischwasser und
der Reifenluftdruck.   ☐
Radar hilft nicht nur den Abstand zum Vordermann zu wahren es reguliert auch die
Distanz beim Überholen und Einscheren.   ☐

Solarzellen auf dem Dach helfen den F 100 in der Hitze zu kühlen.   ☐

Die Zukunft wird zeigen ob die neuen Autos mit weiterentwickelten Ottomotoren
laufen oder ob sie Wasserstoff Methanol oder Ethanol verbrennen.   ☐☐

Der F 100 und seine Alternativmodelle können auch in Hybridtechnik fahren d.h. in
der Stadt treibt ein Elektromotor die Hinterachse an und über Land ein Diesel oder
Benziner die Vorderachse.   ☐☐

Sogar einen neuartigen Allradantrieb haben sich die Ingenieure ausgedacht nämlich
zwei getrennte Antriebsblöcke vorn und hinten die einfach zusammengeschaltet
werden natürlich elektronisch geregelt und somit freier steuerbar als je zuvor.   ☐☐☐

(Schlüsselteil)

Grammatiktraining

Das Grammatikspiel zur individuellen Wiederholung und ...

Schneide die Karten aus. Sie haben eine Frage- und eine Antwortseite.
Man kann damit allein, zu zweit oder in einer Gruppe arbeiten.

 Bist du allein, so legst du die Karten mit der Frageseite nach oben auf den Tisch. Wenn du die Antwort weißt, vergleiche sie mit der auf der Rückseite. Weißt du sie nicht, lies die Antwort ebenfalls durch und stecke die Karte wieder unter den Stapel. Du kannst auf Zeit spielen und feststellen, ob nach einer halben Stunde der Stapel mit den richtig beantworteten Karten größer ist als der mit den falsch beantworteten. Du kannst aber auch so lange weiterspielen, bis alle Karten richtig beantwortet sind.

Substantiv (Nomen)   *Frage 1.1*

- *Zu welcher Gruppe von Substantiven (Nomen) gehören folgende Beispiele:*
  das Eis, die Frau, die Tasche?

Substantiv (Nomen)   *Frage 1.2*

- *Wie nennt man diese Gruppe von Substantiven (Nomen): die Liebe, die Neugier, das Leben?*

Substantiv (Nomen)   *Frage 1.3*

- *Jedes Substantiv (Nomen) hat ein Geschlecht (Genus), das man am Artikel erkennen kann.*
  Wie heißen die drei im Deutschen vorkommenden Geschlechter?

Substantiv (Nomen)   *Frage 1.4*

- *Substantive (Nomen) können in der Einzahl oder in der Mehrzahl stehen.*
  Wie heißen dafür die lateinischen Bezeichnungen?

Substantiv (Nomen)   *Frage 1.5*

- *Substantive (Nomen) und ihre Artikel können in der Form verändert werden.*
  Sie werden im Deutschen in vier Fällen dekliniert.
  Welche lateinischen Bezeichnungen haben diese vier Fälle?

Substantiv (Nomen)   *Frage 1.6*

- *Man kann auch andere Wortarten zu Substantiven (Nomen) machen (Substantivierung/Nominalisierung).*
  Nenne zwei Wortarten, mit denen das möglich ist, und je ein Beispiel.

... das Grammatikspiel zur Wiederholung in der Gruppe

 Spielt ihr zu zweit, so zieht abwechselnd eine Karte. Wer hat die meisten richtigen Antworten?

Spielt ihr in der Gruppe, so sollte eine Spielleiterin oder ein Spielleiter die Frage vorlesen. Die Antworten gehen reihum. Wird eine Frage nicht richtig beantwortet, ist die oder der Nächste dran.

> Ihr könnt mit Hilfe des Grammatikglossars im Hirschgraben-Sprachbuch auch selbst solche Karten herstellen. Probiert aus, ob sie für andere verständlich sind, und nehmt sie dann in eure Kartei auf.

Substantiv (Nomen)   Antwort 1.2

▶ *Abstrakta* *sind Substantive (Nomen) aus der Gedankenwelt. Man nennt sie auch „nicht gegenständlich", das heißt: Man kann nur die Wirkungen der Liebe sehen, sie selbst nicht.*

Substantiv (Nomen)   Antwort 1.1

▶ *Konkreta* *sind Dinge oder Lebewesen, die man sehen, hören, schmecken, riechen oder ertasten kann.*

Substantiv (Nomen)   Antwort 1.4

▶ *Einzahl   = Singular*

▶ *Mehrzahl = Plural*

Substantiv (Nomen)   Antwort 1.3

▶ *Maskulinum (männlich): der Tisch*

▶ *Femininum (weiblich): die Sonne*

▶ *Neutrum (sächlich): das Kind*

Substantiv (Nomen)   Antwort 1.6

▶ *Verben, z. B.: tanzen – das Tanzen*

▶ *Adjektive, z. B.: neu – der Neue*

Substantiv (Nomen)   Antwort 1.5

▶ *1. Fall: Nominativ*

▶ *2. Fall: Genitiv*

▶ *3. Fall: Dativ*

▶ *4. Fall: Akkusativ*

➡ Hirschgraben Sprachbuch S. 129 ff.

Satzlehre *Frage 2.1*	*Satzlehre* *Frage 2.2*
• *Nenne mindestens drei Satzglieder mit den lateinischen Bezeichnungen.*	• *Aus welchen Satzgliedern besteht der kürzeste vollständige Satz?*
Satzlehre *Frage 2.3*	*Satzlehre* *Frage 2.4*
• *Welche adverbialen Bestimmungen stehen in folgendem Satz: Morgens schlich ich mich leise dorthin.*	• *Wie heißen die gekennzeichneten Wörter?* *Das Auto, <u>das</u> um die Ecke fuhr, war gestohlen.* *Der Mann, <u>dessen</u> Hut vom Kopf flog, war sehr wütend.*
Satzlehre *Frage 2.5*	*Satzlehre* *Frage 2.6*
• *Manche Verben verlangen ein bestimmtes Satzglied, weil man sonst denkt, der Satz sei unvollständig, z.B.:* *Ich sehe ...* *Du gibst ...* *Er hört ...* *Ergänze. Welches Satzglied fehlt?*	• *Aus welchen Satzgliedern besteht dieser Satz:* *Vorgestern habe ich meinen Freund getroffen.*
Satzlehre *Frage 2.7*	*Satzlehre* *Frage 2.8*
• *Ich habe einen Hund, der dauernd bellt.* *Welcher dieser Teilsätze ist der Nebensatz? Woran erkennst du ihn?*	• *Nebensätze können an verschiedenen Stellen im Satzgefüge stehen.* *Wo findest du ihn hier: Er fütterte seinen Hund, obwohl er selbst kaum zu essen hatte.*

➤ Hirschgraben Sprachbuch S. 129 ff.

Satzlehre *Antwort 2.2*	*Satzlehre* *Antwort 2.1*

▸ *Subjekt + Prädikat:*
    Kai   lacht.

▸ <u>*Subjekt*</u> *(Satzgegenstand)*

▸ <u>*Prädikat*</u> *(Satzaussage)*

▸ <u>*Objekt*</u> *(Satzergänzung)*
    Adverbiale Bestimmung
    (Angaben über Ort, Zeit, Art und
    Weise, Grund usw.)

Satzlehre *Antwort 2.4*	*Satzlehre* *Antwort 2.3*

▸ *Relativpronomen*
    (bezügliches Fürwort): der, die,
    das, welcher, welche, welches …
    Es bezieht sich auf ein Nomen:
    Das Auto, <u>das</u> …

           adverbiale Bestimmung

▸ *morgens – der Zeit*

▸ *leise   – der Art und Weise*

▸ *dorthin – des Ortes*

Satzlehre *Antwort 2.6*	*Satzlehre* *Antwort 2.5*

▸ *vorgestern = adverbiale*
           Bestimmung der Zeit
▸ *ich = Subjekt*

▸ *habe getroffen   = Prädikat*

▸ *meinen Freund = Akkusativ-*
           Objekt

▸ *Es fehlen die <u>Objekte</u>.*
    Ich sehe <u>ein neues Haus</u>.
    (Akkusativ-Objekt)
    Du gibst <u>ihm</u> <u>ein Buch</u>.
    (Dativ-Objekt) (Akkusativ-Objekt)
    Er hört <u>einen Zug</u>.
    (Akkusativ-Objekt)

Satzlehre *Antwort 2.8*	*Satzlehre* *Antwort 2.7*

▸ *…, obwohl er selbst kaum zu essen*
    hatte.

    nachgestellter Nebensatz

▸ *Nebensatz: …, der dauernd bellt.*

    Der Nebensatz ist dem Hauptsatz
    untergeordnet, er kann nicht für
    sich allein stehen.

➡ Hirschgraben Sprachbuch S. 129 ff.

Proben *Frage 3.1*	*Proben* *Frage 3.2*

• *Wie viele Möglichkeiten gibt es, diesen Satz umzustellen: Frühmorgens holt Hans mit dem Fahrrad frische Brötchen.*

• *Wozu dient die Umstellprobe?*

Proben *Frage 3.3*	*Proben* *Frage 3.4*

• *Lies den folgenden Satz auf unterschiedliche Weise. Was wird jeweils ausgedrückt?*

Machst du das Fenster zu (?!)

• *Wozu braucht man die Klangprobe?*

Proben *Frage 3.5*	*Proben* *Frage 3.6*

• *Welche Erweiterung ist in diesem Beispiel vorgenommen worden?*

Unsere Schülerzeitung, die alle zwei Monate erscheint, hat einen pfiffigen Chefredakteur.

• *Wozu kann man die Erweiterungsprobe benutzen?*

Proben *Frage 3.7*	*Proben* *Frage 3.8*

• *Welche Probe wurde im Folgenden durchgeführt?*
Er sprach leise zu ihr.
Er flüsterte ihr zu.
Er raunte ihr zu.
Was wird durch diese Probe erreicht?

• *Was ist die Wegstreichprobe?*

Proben *Antwort 3.2*	*Proben* *Antwort 3.1*

▶ *Mit der Umstellprobe kann man Satzgliedgrenzen bestimmen und einen eintönigen Satzbau verändern.*

▶ *3 Möglichkeiten:*
Hans holt frühmorgens mit dem Fahrrad frische Brötchen.
Mit dem Fahrrad holt Hans frühmorgens frische Brötchen.
Frische Brötchen holt Hans frühmorgens mit dem Fahrrad.

Proben *Antwort 3.4*	*Proben* *Antwort 3.3*

▶ *Durch die Betonung eines Satzes wird oft erst sein Sinn eindeutig:*
Kannst du nicht besser zuhören?
(Frage oder ärgerliche Ermahnung)

▶ *eine Bitte:*
Machst du das Fenster zu?

▶ *ein Befehl:*
Machst du das Fenster zu!

Proben *Antwort 3.6*	*Proben* *Antwort 3.5*

▶ *Mit der Erweiterungsprobe kann man etwas genauer darstellen:*
Ich vermisse eine Uhr ...
Ich vermisse eine silberne Uhr ...
Ich vermisse eine silberne Uhr der Marke Ranerc ...

▶ *Erweiterung durch einen Relativsatz:*
..., die alle zwei Monate erscheint, ...

Proben *Antwort 3.8*	*Proben* *Antwort 3.7*

▶ *Die Wegstreichprobe benötigt man um lange und umfangreiche Sätze zu vereinfachen.*

▶ *Durch die* <u>*Ersatzprobe*</u> *kann man einen treffenderen Ausdruck finden, Wortwiederholungen ersetzen und unbekannte Wörter gegen bekannte austauschen.*

⟶ Hirschgraben Sprachbuch S. 129 ff.

Zeichensetzung *Frage 4.1*

- *Wo sind im folgenden Satz Kommas zu setzen?*
  Gib auch den Grund an.

  Im Berufspraktikum musste ich Rechnungen kontrollieren sortieren und abheften.

Zeichensetzung *Frage 4.2*

- *Wo steht das Komma? Begründe.*

  Weil das Auto einen Motorschaden hatte konnte ich euch gestern nicht besuchen.

Zeichensetzung *Frage 4.3*

- *Man kann Nebensätze häufig an einem einleitenden Wort erkennen: Relativsätze an Relativpronomen, Konjunktionalsätze an Konjunktionen.*
  Wozu gehören diese Wörter: der, weil, wenn, denen, obwohl?

Zeichensetzung *Frage 4.4*

- *Ein Sprichwort lautet:*
  Der Mensch denkt, Gott lenkt.
  Der Schriftsteller Bertolt Brecht hat das Satzzeichen geändert:
  Der Mensch denkt: Gott lenkt.
  Worin liegt der Unterschied?

→ Hirschgraben Sprachbuch S. 129 ff.

Zeichensetzung   *Antwort 4.2*

▶ *Weil das Auto einen Motorschaden hatte, konnte ich euch gestern nicht besuchen.*
vorangestellter Nebensatz (Konjunktionalsatz)

Zeichensetzung   *Antwort 4.1*

▶ *Im Berufspraktikum musste ich Rechnungen kontrollieren, sortieren und abheften.*
Das Komma steht bei Aufzählungen. Das „und" steht an Stelle des letzten Kommas.

Zeichensetzung   *Antwort 4.4*

▶ *Im Sprichwort lenkt Gott das Handeln der Menschen, gleich, wie sie denken.*
Brecht ist Atheist gewesen. Er ist der Meinung, der Mensch denke nur, dass Gott lenkt.

Zeichensetzung   *Antwort 4.3*

▶ *Relativpronomen: der, denen*
Konjunktionen: weil, wenn, obwohl

Schlüsselteil

S. 9, Aufgabe 1

(3 Leerzeilen)
Adi Hensel   18. Dezember 199■
Schwannerstraße 7
35619 Braunfels
Tel.: (0 00) 00 00 00
(6 Leerzeilen)
Firma
Versicherungen und nur Versicherungen
z. Hd. Herrn Knappel
Leimweg 8
(1 Leerzeile)
35619 Tiefenbach
(4 Leerzeilen)
Bewerbung um eine Ausbildungsstelle als Kaufmann
(2 Leerzeilen)
Sehr geehrter Herr Knappel,
(1 Leerzeile)
ich möchte mich um die Ausbildungsstelle als Kaufmann
bewerben, die Sie in der WNZ vom 3. Dezember ausgeschrieben haben.
(1 Leerzeile)
Im Juli nächsten Jahres werde ich voraussichtlich mit einem
guten Abschlusszeugnis aus der Gesamtschule Braunfels
entlassen. Besonders gute Leistungen habe ich in Mathe-
matik und in Englisch. Ich denke, dass ich damit gute Vor-
aussetzungen für den Kaufmannsberuf mitbringe. Der
Wunsch Kaufmann zu werden wurde durch meinen Großvater geweckt, der als selbstständiger Kaufmann tätig war.
(1 Leerzeile)
Über Ihre Einladung zu einem Vorstellungsgespräch würde
ich mich freuen.
(1 Leerzeile)
Mit freundlichen Grüßen
(2 Leerzeilen)
Adi Hensel
(5 Leerzeilen)
Anlagen
1 handgeschriebener Lebenslauf
1 Lichtbild
1 Zeugniskopie

S. 10, Aufgabe 2

Lebenslauf
(3 Leerzeilen)

Name: Adi Hensel
(1 Leerzeile)
Geburtsdatum: 16. Juni 19■
Geburtsort: Braunfels
(1 Leerzeile)
Eltern: Mutter: Roswitha Hensel, geb. Lachs
                 Hausfrau
Vater: Karl-Heinz Hensel
                 Kraftfahrer
(1 Leerzeile)
Geschwister: zwei Schwestern, 24 und 20 Jahre alt
(1 Leerzeile)
Wohnort: 35619 Braunfels
                 Schwannerstraße 7
(1 Leerzeile)
Schulbildung: von September 198■ bis Juli 198■
                 Grundschule, Bonbaden und Tiefenbach
                 ab September 198■
                 Gesamtschule Braunfels
(1 Leerzeile)
Voraussichtlicher
Schulabschluss: Juli 199■
(1 Leerzeile)
Berufswunsch: selbstständiger Kaufmann
(2 Leerzeilen)
Braunfels, den 7. Dezember 19■   Adi Hensel

S. 40, Aufgabe 1

1) T	8) D	15) S	22) S	29) T	36) F
2) B	9) W	16) N	23) V	30) N	37) P
3) D	10) T	17) M	24) S	31) P	38) S
4) R	11) B	18) S	25) S	32) B	39) L
5) S	12) R	19) L	26) M	33) S	40) S
6) B	13) L	20) T	27) K	34) B	
7) G	14) A	21) E	28) G	35) W	

S. 40, Aufgabe 2

Verhältnis	primitiv	attraktiv	Lehrling
bequem	enttäuscht	pflücken	läuten
Matratze	endlich	hübsch	ziemlich
waagerecht	draußen	Nässe	Physik
Sympathie	öffentlich	Demonstration	außerdem
laufend	ersatzlos	Katholik	Bibliothek
Konflikt	anonym	Wohlstand	Trikot
Pedal	Akkord	Duplikat	Widerstand
Opposition	Gardine	Ereignis	Akkusativ
türkis	Klient	Akzent	Analyse

S. 46, Aufgabe 1

das Tal, schmal, überall,
der Hafen, beschaffen, gestatten, verraten,
herrlich, der Hering, der Besen, der Sessel,
das Gebet, das Brett, die Tabletten, treten,
der Strom, fromm, gewonnen, schonen,
hoffentlich, höflich, der Ofen, getroffen,
kaputt, die Flut, spüren, dürr

S. 46, Aufgabe 2

die Gase – die Gasse	die Maße – die Masse
die Miete – die Mitte	fühlen – füllen
stehlen – stellen	bieten – bitten
her – der Herr	die Saat – satt
die Robe – die Robbe	spuken – spucken
sie kam – der Kamm	ihnen – innen
sie lasen – sie lassen	der Stiel – die Stille
der Schal – schallen	der Stahl – der Stall
den – denn	schal – der Schall
der Ofen – offen	das Beet – das Bett
der Staat – die Statt	ihr – irr
schief – das Schiff	

S. 47, Aufgabe 5

fallen – fiel,
sie nimmt – sie nahm,
erschrecken – erschraken,
treffen – trafen,
bitten – baten,
er tritt – er trat

S. 49, Aufgabe 1a

die Blässe – blass	passieren – der Pass
die Küsse – der Kuss	fassen – unfassbar
die Nässe – nass	

S. 49, Aufgabe 1b

messen – sie misst	müssen – du musst
vergessen – er vergisst	küssen – sie küsst
essen – er isst	

S. 49, Aufgabe 2

Spaß	Gruß
bloß	Fleiß
Strauß	Ruß
Stoß	Spieß

S. 50, Aufgabe 3
es floss, der Fluss – fließen
es schloss, das Schloss – schließen
er biss, der Biss – beißen
es schoss, das Geschoss – schießen
es riss, der Riss – reißen

S. 50, Aufgabe 4

	fließen	schließen
beißen	das Gefäß	das Maß
sie verließ	der Verschleiß	ich weiß
abschießen	er aß	er saß
schmeißen	reißen	sie vergaß

S. 50, Aufgabe 5

maßvoll	fassungslos	die Flüssigkeit
der Schlosser	gerissen	die Geldbuße
das Floß	der Stoß	der Genosse
rechtsaußen	verrußt	bloßstellen
mutmaßlich	genießen	unverdrossen
fahrlässig	die Äußerung	die Soße

S. 53, Aufgabe 3
Thriller / Quiz / Oldie / Synthesizer / Walkman / Body / Sweatshirt / Jackett

S. 54, Aufgabe 5 a
Kombination / Spekulation / Faszination / Reaktion / Illustration / Installation / Organisation / Qualifikation / Opposition / Generation

S. 55, Aufgabe 7

Konflikt	Konjunktur	Kontrast
Konzept	express	Experte
Exemplar	Projekt	Provinz
Proviant	Prognose	Expedition

S. 57, Aufgabe 14
CLIQUE / CAFÉ / CREME / COUCH / CHANSON

S. 61, Aufgabe 5
A. An diesem Unfall hatte er keine Schuld.
B. Leute, jetzt wird's Ernst!
C. Es ist mein gutes Recht, eine Pause zu machen!
D. Das tut mir wirklich Leid.
E. Beim Anblick des Zeugnisses wurde ihm plötzlich angst.
F. Du bist nicht schuld an Vaters schlechter Laune.
G. Haben Sie im Ernst an diese Geschichte geglaubt?
H. Siehst du, ich hatte Recht!
I. Ich bin das ewige Aufräumen jetzt leid.
J. Vor dem Zahnarztbesuch hat fast jeder Angst.

S. 61, Aufgabe 6
A. Nachdem Fuchs und Messner lange Für und Wider einer …
B. Ohne Weh und Ach nahm auch Fuchs …
C. Obwohl der Weg durch die Gletscher mehrfach auf und ab verlief, …
D. …, als würden sie ziellos hin und her laufen.
E. . . und bewegte sich nicht vor und nicht zurück.
F. Die Tagesetappe musste jedoch ohne Wenn und Aber erbracht werden.

S. 62, Aufgabe 8
A. Die einen hatten keine Lust, die anderen keine Zeit.
B. Nur die Neuen waren noch nicht abgeschreckt.
C. Das kann ich dir im Einzelnen auch nicht sagen.
D. Du hast dir nicht das Geringste vorzuwerfen.
E. Jeder andere hätte genauso gehandelt.
F. Das meiste ist einfach zu verstehen.
G. Alles Übrige erkläre ich dir später.
H. Das ist etwas ganz anderes.
I. Jeder Dritte leidet an Übergewicht.
J. Am wenigsten interessiert mich Erdkunde.
K. Es waren nicht viele, die diese Gelegenheit genutzt haben.
L. Im Folgenden geht es um die Figurenkonstellation.

S. 70, Aufgabe 1
Die sparsamen und komfortablen Autos der Zukunft

Mit dem Modell „F 100" demonstrierten die Forscher und Ingenieure, wie in ein paar Jahren sparsame und komfortable Autos aussehen werden. | 4 |

Sie haben dabei eine alte Erfahrung zur Grundidee gemacht, dass nämlich schon die Pferdekutscher sich zwischen den Rössern wohler fühlten als am Rande des Bocks. | 4 |

Hunderte von Crashtests haben mittlerweile bewiesen, dass der sicherste Platz nicht links oder rechts, sondern in der Mitte ist. | 4, 2 |
Jetzt erst zog man die Konsequenz, indem der Fahrerplatz exakt in die Mitte verlegt wurde. | 4 |

Die Passagiere, die in der zweiten und dritten Reihe sitzen, haben freie Sicht nach vorn und mehr Platz für ihre Beine als je zuvor. | 4, 4 |
Die Mitfahrenden können sich mit dem Fahrer unterhalten(,) ohne ihn ständig von hinten ansprechen zu müssen. | 3 |

Die Türen ragen bis in das Dach, schwenken einen Teil des Fahrzeugbodens mit heraus und bewegen sich seitlich am Auto vorbei. | 1 |
Solche Türen, mit Hilfsmotoren auf Knopfdruck angezogen, knallen natürlich nicht mehr zu. | 2 |

Die flachen Rückleuchten, die keine Löcher mehr in der Karosserie brauchen, sondern formbündig aufgeklebt sind, wirken als Lichtleiter, d.h., sie können gebündelte Lichtstrahlen um die Ecke bringen. | 4, 2, 2, 2 |

Durch elektronische Schaltungen werden zahlreiche Steuerungen untereinander so sinnvoll vernetzt, daß z.B. das Gaspedal so lange blockiert ist, bis alle Türen geschlossen sind. | 4, 4 |

Am Armaturenbrett gibt der Bordcomputer eine Vielzahl von Hinweisen, z.B. Tankfüllung, Zeit, Kilometerstand, Tageskilometer, Motoröl, Kühlmittel, Standlicht. | 2, 1 |

Beim Tanken wird der Ölstand signalisiert, der Vorrat an Scheibenwischwasser und der Reifenluftdruck. | 1 |
Radar hilft nicht nur(,) den Abstand zum Vordermann zu wahren(,) es reguliert auch die Distanz beim Überholen und Einscheren. | 3 |

Solarzellen auf dem Dach helfen(,) den F 100 in der Hitze zu kühlen. | 3 |

Die Zukunft wird zeigen, ob die neuen Autos mit weiterentwickelten Ottomotoren laufen oder ob sie Wasserstoff, Methanol oder Ethanol verbrennen. | 4, 1 |

Der F 100 und seine Alternativmodelle können auch in Hybridtechnik fahren, d.h., in der Stadt treibt ein Elektromotor die Hinterachse an und über Land ein Diesel oder Benziner die Vorderachse. | 2, 2 |

Sogar einen neuartigen Allradantrieb haben sich die Ingenieure ausgedacht, nämlich zwei getrennte Antriebsblöcke vorn und hinten, die einfach zusammengeschaltet werden, natürlich elektronisch geregelt und somit freier steuerbar als je zuvor. | 2, 4, 2 |